U0886335

湖南省哲学社会科学基金（18YBQ070，共享单车的政府监管模式与运营绩效评估研究）

可持续视角下共享自行车系统的收益优化研究

李林凤 著

中国财经出版传媒集团
经济科学出版社
Economic Science Press

图书在版编目（CIP）数据

可持续视角下共享自行车系统的收益优化研究/李林凤著.
—北京：经济科学出版社，2019.11
ISBN 978-7-5218-0956-5

Ⅰ.①可… Ⅱ.①李… Ⅲ.①自行车-城市交通运输-运输经济-研究-中国 Ⅳ.①F572.7

中国版本图书馆 CIP 数据核字（2019）第 210972 号

责任编辑：周国强
责任校对：杨　海
责任印制：邱　天

可持续视角下共享自行车系统的收益优化研究
李林凤　著
经济科学出版社出版、发行　新华书店经销
社址：北京市海淀区阜成路甲 28 号　邮编：100142
总编部电话：010-88191217　发行部电话：010-88191522
网址：www.esp.com.cn
电子邮件：esp@esp.com.cn
天猫网店：经济科学出版社旗舰店
网址：http://jjkxcbs.tmall.com
固安华明印业有限公司印装
710×1000　16 开　12.25 印张　200000 字
2019 年 11 月第 1 版　2019 年 11 月第 1 次印刷
ISBN 978-7-5218-0956-5　定价：58.00 元
（图书出现印装问题，本社负责调换。电话：010-88191510）
（版权所有　侵权必究　打击盗版　举报热线：010-88191661
QQ：2242791300　营销中心电话：010-88191537
电子邮箱：dbts@esp.com.cn）

前　　言

在城市机动车日益增多、交通日益拥堵、空气污染日益严重的今天，“绿色交通、低碳出行”的理念不断深入人心，共享自行车这种新型的公共交通工具应运而生，成为各地区缓解交通压力，减少尾气污染，提高全民身体素质的利器。共享自行车系统在全球各大都市遍地开花，在我国的发展速度更是如雨后春笋般最为惊人，其主要原因是由于我国多采取政府主导的运营模式，通过政府的高额投入拉动系统建设，并施以高额运营补贴，以高投入为推动力形成的。然而，政府对共享自行车项目“不计成本”的倾注资金，却引发社会上对“天价共享自行车系统”的讨论，民众开始怀疑共享自行车系统是否为城市带来了与成本对等的效益。而与此同时，政府和运营商也面临着巨大的运营困境。由于缺乏合理有效的监督机制，政府往往难以实现其投资的预期目标，而运营商则由于自身利益最大化的驱使，往往以降低服务水平来控制高额运营成本带来的亏损。于是，如何处理好系统公益性和经济性间关系，使系统能够运用市场化运作实现自力更生，可持续发展，成为近年来困扰政府和运营商的首要问题。

本书以采取政府主导投资建设，运营商负责运作管理这一在我国占比最大的运营模式的共享自行车系统为研究对象，针对其亟待解决的收益渠道窄，运营成本明显大于收入的不平衡问题，提出在考虑政府补贴激励情况下，分别从外部效益内部化，降低企业调度成本和提升内部经济收益能力的角度，研究共享自行车系统在市场化运作环境下的可持续收益优化问题。

首先，提出通过政府推动运营商将共享自行车系统产生的碳减排量进行交易，实现外部效益内部化的方法，开拓系统收益渠道。在政府不同的补贴激励模式下，使用斯塔克尔伯格博弈模型，研究政府社会效益最大化和运营商自身效益最大化不同目标下的均衡方案。其次，提出通过政府推动运营商对用户进行双向调度激励，从充分利用用户资源的角度，优化调度绩效，降低调度成本。然后，为实现系统的可持续性运营，设计政府与运营商之间的激励监督机制，运营商与广告承包商之间的激励与约束，保障系统中参与方的基本利益，从而维护系统的稳定性。还提出通过构建共享自行车运营周期内的可持续收益优化决策模型，从提升系统管理决策水平的角度，提升系统整体收益。此外，为提高模型求解运算速度，还针对模型特点设计变粒度—深度优先算法。同时，为便于模型的推广应用，还编程对算法进行了操作界面的可视化实现。最后，利用杭州共享自行车系统数据对所提可持续收益优化决策模型进行实证分析，验证模型的可行性，并通过优化分析得出相关管理建议。

本书的创新点如下：第一，通过分析不同政府补贴激励机制，指出自愿碳交易与碳配额相结合策略为最优策略，且随着出行者环境保护意识水平与碳交易价格的增大而该策略的优势愈加突出。第二，从调度用户参与积极性的角度，提出了双向激励调度策略，即引导通勤出行者避开高峰期出行，鼓励休闲出行者参与调度。通过分析不同政府补贴激励机制，指出在发达地区，政府补贴运营商最有利于双向激励调度策略的实施，在发展中地区，运营商独立开展双向调度是大中型城市的最优选择，而政府直接补贴逆峰出行用户最适用于小型或旅游城市。第三，构建了共享自行车系统中政府与运营商以及运营商与广告承包商之间的激励约束博弈模型，为充分提高跟随者努力水平和领导者监管力度提供有效路径，同时为共享自行车系统各利益相关方的合作稳定性提供了保障。第四，从提升系统管理决策水平的角度，构建了共享自行车系统可持续收益优化决策模型，指出共享自行车系统有潜力通过有限周期的优化运作实现收支平衡，同时保证利益相关方能获得满意收益，最终实现系统的可持续运营。第五，提出了针对可持续收益优化决策模型特点的求解算法——变粒度—深度优先算法，使模型求解耗时减少90%以上，并开发了可视化操作运算界面，为模型的推广应用提供支持。

本书的研究成果为共享自行车系统的收益优化提供了重要思路和方法，为共享自行车系统实现可持续的自运营打下一定基础。同时，所得研究成果为实践提供了有意义的启示和管理建议，进而推动公共交通管理领域相关理论研究和实践应用的深入与发展。

此外，为丰富和补充本书内容，特增加附录A阐述我国共享自行车的最新发展动态和现存问题与对策。

目　　录

第1章 导　论

1.1 选题背景与意义

1.1.1 选题背景

随着全球生态环境问题的加剧，各国都在探索新的城市发展与建设道路。近年来，我国经济水平稳步提升，城市化进程不断加快，而在机动化快速发展的过程中不断涌现出交通拥堵、环境污染等城市环境与交通问题。同时，受到国际油价高涨不下与温室效应的影响，促使我国有关部门不得不对现代城市交通发展模式进行反思。由于近几年来，全球积极提倡节能减碳，鼓励民众使用零污染或低污染的交通运输工具，以减少交通工具带给环境的冲击，这使得标榜绿色慢行交通的共享自行车系统在世界各大都会成为风尚。从而，共享自行车系统作为城市公交系统的重要组成部分，在完善与提升城市生态环境，提高居民生活质量方面发挥着越来越重要的作用。

共享自行车系统（public bicycle sharing system）就是为有效解决“最后一公里”出行和道路拥堵等难题发展起来的一种新型自行车使用方式，是在商业中心、大型居住区、旅游景点和交通枢纽等地点设置的自行车共享服务系统。共享自行车系统作为绿色慢行公交体系的重要组成部分，以方便快捷、低碳环保、适合与其他公交方式接驳等特点获得众多城市居民的青睐。

然而，这种能够为城市缓解堵车和环境污染困境的方式，作为公共交通可持续发展的重要实现手段，在不计成本的绿色公交优先背后，却隐藏着很多亟待解决的“不可持续”问题。国内已投资运行或正处于建设阶段的共享自行车系统所在城市，系统运行情况良莠不齐，总结影响系统运营状况的关键因素主要有如下四个：系统收益模式、重平衡调度、技术信息化水平和自行车出行环境。

其中，我国共享自行车系统的收益水平普遍偏低是导致系统不可持续运营最为突出的问题。由于缺乏科学合理的租赁收费管理和盈利渠道建设，政府补贴方式单一且有限，加之系统的公益性制约，许多城市的共享自行车系统正面临着资金匮乏，难以支撑日常运营的困境。共享自行车系统由于缺乏足够的盈利能力，一方面，会导致无力投资系统信息技术平台建设，需求响应水平低，车辆调度效率不高等严重降低服务质量的运营问题，从而致使共享自行车出行占有率降低；另一方面，又会导致系统运营商由于亏本经营困难大，参与公共事业的积极性受到打击。因此，如何进行科学合理的收益优化，使共享自行车系统在兼顾公益性的前提下，获取可持续运营的动力，是政府和系统运营商迫切期望得到解决的问题，同时，该问题也是共享自行车研究领域中的学术前沿课题。

在此背景下，本书针对如何优化共享自行车系统收益这一亟待解决的问题展开探索与研究，力求探寻有利于提升系统总体收入水平和维持可持续运营的有效途径，从而为共享自行车系统管理水平提升提供理论与实践的借鉴与指导。

1.1.2 选题意义

我国有许多城市人口众多，分布较为密集，因此民众短距离出行的需求较高，这为共享自行车系统的发展提供了有利条件。相对机动车，使用共享自行车作为出行交通工具既无噪音和空气污染，又有利于身体健康，对人与环境都十分有利；与此同时，还能对交通拥堵这一城市顽疾贡献力量。因此，共享自行车系统这种零排放的出行方式可能并且应当赢得全世界关注。

共享自行车系统具有与其他公共交通相同的大部分性质，例如，产品具有易逝性、需求变化比较大和企业服务能力相对固定等；也具有与其他公共交通不同的特点，例如，共享自行车系统是通过人力获取空间移动动力。这一与其他公共交通最显著的区别，使得共享自行车系统的变动成本低，调动的灵活性更大，且更加绿色环保。而正是因为这些特性，使得共享自行车系统具备一定收益渠道创新的前提条件，能够通过节能减排的社会价值获取收益，且有实现自持续运营的潜力。同时，共享自行车不受既定路线和出行时间的限制，以及用户出行动机的多样化，使得其影响因素较其他公共交通更为复杂。因此，与一般公共交通相比，共享自行车系统的运营有其独到特点，有必要对该系统的收益优化展开单独探讨，以推动共享自行车系统这一绿色环保的公共交通方式被广泛采用，发挥其诸多优势。

然而，已有的共享自行车系统相关研究，主要倾向于从交通规划、选址调度和现状调查的角度展开探索，鲜有研究关注共享自行车系统的收益优化问题。因此，解决共享自行车系统收支不平衡这一当前最突出的运营困境，对于提升共享自行车系统绩效，辅助政府和运营商做出更有利于系统可持续运营的决策，保障共享自行车系统的顺利推广，将具有重要研究意义。基于上述分析，本书在选题及研究过程中存在如下研究意义：

（1）在理论上，本书的研究具有前沿性和探索性。第一，本书提出共享自行车系统可以利用碳交易获取相应的碳减排收益，并构建了考虑政府补贴的碳交易实施策略，为实际应用提供理论指导。第二，本书提出通过诱导出行者配合系统车辆调度需求改变出行行为，即实施双向调度激励策略，提升自行车重调度效率。该研究从降低运营成本的角度优化共享自行车系统收益，为实践提供有益参考。第三，本书提出共享自行车系统中利益相关方之间的可持续合作机制，并构建收益优化决策模型和求解算法，求解系统在运营周期内的最优决策。该研究能够为政府、运营商和广告承包商提供关键运营决策选择的理论指导。本书利用斯塔克尔伯格博弈方法求解利益相关方最优决策的均衡解，设计相应的搜索算法和迭代算法求解所提决策模型，本书的研究方法在理论研究上具有一定的创新性，填补了已有研究的匮乏。

（2）在实践上，本书的研究成果具有对实践的指导意义。第一，本书通过对碳交易不同实施策略的数值模拟分析，指出能够获得最优绩效的实施策略。第二，本书通过对多个共享自行车系统的用户进行实证调研，总结处于不同类型城市的共享自行车系统用户类型差异对选择不同双向调度激励实施方案的影响。第三，本书通过收集杭州市共享自行车系统实际运营数据，验证所提可持续收益优化决策模型的可行性和优越性，并通过数值分析得出相应的运营指导建议。本书提出的通过碳交易、双向调度激励和运营决策优化的方式，在考虑政府补贴支持下，以全局利益最大化为目标，为政府和运营商提供了具有可行性的管理优化指导。同时，这一研究也能为世界上其他存在类似问题的共享自行车系统建设提供借鉴，对绿色交通在世界范围内的推广和健康运行具有重要实践意义。

（3）在政策上，本书的研究问题具有指导性和战略前瞻性。我国是自行车大国，本书可以为相关政府部门提供制定更合理的共享自行车系统发展政策的有效指导，为相关运营商提供更为先进的管理模式，这将有利于共享自行车系统中所有利益相关方的收益提升和参与积极性增强，从而，促进共享自行车系统的快速推广，提高其对公共交通的分担率，完善绿色交通总体建设，改善交通结构，优化城市交通状况。

1.2 文献综述

本节主要针对与共享自行车系统相关的现存研究工作进行梳理。首先，对共享自行车系统的发展历史进行阐述，明确系统当前的发展阶段。其次，通过文献对系统目前的发展现状进行分析，指出从当前共享自行车系统可持续运营的角度出发，十分有必要开展系统优化研究，突出了本书的现实意义。再其次，共享自行车系统是近几年才广泛兴起的公共交通，相关的学术研究十分有限，本节通过对现存相关研究进行系统梳理，发现现有文献多集中在系统设计与调度方面，而鲜有研究涉及现存系统收益匮乏问题，从而突出了本书的理论意义。最后，通过文献对共享自行车系统现存的运营模式进行分析，指出政企合作的运营模式为现阶段应用最广泛的共享自行车系统运行模式，为此，本书也选取这种模式的系统为研究对象。此外，由于政企合作模式涉及政府的补贴和监管，虽然共享自行车系统相关的政府补贴方面研究十分匮乏，本节还是针对公交系统的政府补贴研究进行综述，以为本书研究提供参考借鉴。

1.2.1 共享自行车系统的发展历程

共享自行车系统作为一种环境友好型的交通解决方案，日益受到民众的推崇和喜爱，目前已经拓展到世界各大城市，并成功实现运营。而现行共享自行车系统的运营模式，则是经历从 19 世纪 60 年代开始至今长期发展演化的结果。

1965 年 7 月，世界上的第一代共享自行车系统在荷兰首都阿姆斯特丹诞生，名为“白单车计划”（*White Bike Plan*）。为了方便市民使用共享自行车，该系统将自行车都涂成了醒目的白色，不设置车锁，并且完全免费供市民使用。然而，该系统高估了民众的自觉度，由于自行车没有车锁，缺乏有效监督，50 多辆自行车在投放几天后就被全部私有化或人为损坏了[1]。至此，第一代共享自行车系统并未得到广泛推广和应用。吸取第一代共享自行车系统失败教训后，第二代系统在防盗方面做出了较大改变。1991 年，丹麦的一些城市开始投入运行了几个小型共享自行车系统，直到 1995 年，第一个大型共享自行车系统在哥本哈根正式启动，名为“城市单车”（Bycyklen），该系统标志着共享自行车正式迈入新一代[2]。为了阻止共享自行车被私有化，第二代系统修建了自行车站点来规范车辆停放和锁车，并且通过向使用自行车的用户收取一定押金，待到还车时再退还的方式，强制用户必须归还车辆。然而，由于用户都是匿名用车，共享自行车系统并不能完全掌握和追查到自行车的使用去向和相关人员信息，自行车依旧面临着较高的被盗风险。近年来，随着信息技术的发展，共享自行车系统迎来了发展的春天。朴次茅斯大学于 1996 年，在校园内开启了使用磁卡借车的先河，这标志着共享自行车系统第三代的到来。为了防止车辆被盗，第三代的系统记录了使用者的身份和银行卡信息，以便约束和监察自行车的归还情况。此外，如法国巴黎的共享自行车（Vélib）、加拿大蒙特利尔的共享自行车（Bixi）、英国伦敦的共享自行车

（Barclays Cycle Hire）和中国杭州的共享自行车系统等，都通过电子车锁、智能卡、通信系统和移动电话等信息技术手段提升了系统的安全性和便利性[3]。然而，由于高昂的系统运行成本和较高的自行车折旧率，这些共享自行车系统的收益和服务水平仍需进一步提升和完善。基于对以上三代系统的观察和总结，沙欣（Shaheen，2010）[2]提出对第四代共享自行车系统的展望，他指出第四代系统将呈现出需求快速响应和模式多样化的特点，其中容量和位置灵活的站点设计，自行车调度方式创新和全球定位系统（GPS）跟踪定位则是其主要发展方向。而第四代的终极目标是实现共享自行车系统的可持续发展。

截至 2016 年底，世界范围内已经有 1200 多个共享自行车系统在运行[3]，并有超过 350 个系统正在筹备建设[4]。

随着共享自行车系统被公众广泛接受，学术界也兴起了对该系统的研究热潮。其中，相关研究主要集中在系统的选址和调度优化方面。贝特纳（Büttner）等定义共享自行车系统为“一个短期内自服务的、单向的、在公共场合提供自行车租赁的，具有网络特点”的系统[5]。这种系统向市民提供从任意站点借车和还车服务，以解决“最后一公里”的城市交通问题[6]。然而，自行车在实际运行中的流向总是单向的，这将导致“无车可借和无桩可锁”的问题[7]。

大多数共享自行车系统通过雇佣调度车队来进行自行车的重调度工作，尽管如此，许多系统还是受到低服务水平和高成本的困扰[8]。例如，在服务方面，塞尔纳（Serna）等通过分析西班牙某共享自行车系统用户提供的社交媒体数据，指出有将近 16.4% 的用户将有可能因为不满系统对于高峰用车需求的响应不足而减少使用自行车的频率[9]；在成本方面，奥布莱恩（O'Brien）指出伦敦共享自行车系统 2013 年的运营成本高达 2430 万英镑，其中，当年每辆自行车的运营成本是 2500 英镑[10,11]。德马约（DeMaio）结合多个共享自行车系统的数据，可知一辆自行车一年的平均运营成本约为 1600 美元[1]。

由此可见，共享自行车系统的运营费用十分高昂，而为推动共享自行车的广泛使用，许多系统实行费用全免或部分全免的策略，使系统收益愈发有限，从而导致系统难以实现收支平衡。缺乏足够的资金支持，自然无力开发新技术手段和运营模式以使系统适应新一代共享自行车系统更高的服务需求，最终必将导致系统被社会淘汰。因此，挖掘共享自行车系统的潜能，通过对现有资源进行充分利用和挖掘，对现行运营模式进行有益创新，对资金利用进行优化调整等手段，优化共享自行车系统的收益，实现系统的可持续发展，是有待共享自行车系统解决的当务之急。

1.2.2 共享自行车系统现存主要研究

随着共享自行车系统在现实世界中的蓬勃发展，学术界也开始对该系统展开了广泛关注。现存的共享自行车系统相关研究，最主流的主要是以下三类：系统设计、静态调度（static bicycle repositioning problem）和动态调度（dynamic bicycle repositioning problem）。

关于如何设计一个共享自行车系统，林（Lin）等提出通过一个决策支持模型来设计共享自行车系统[12,13]。马丁内斯（Martinez）等提出了一个混合整数线性规划模型来优化站点选址设计，并且利用分支定界法对其进行求解[14]。库马尔（Kumar）和比尔莱尔（Bierlaire）提出了一个线性规划模型来探讨站点地理位置和用户所在地之间的关系，他们利用人口统计资料以及个人信息来选择最佳的基础站点位置[15]。李婷婷通过对共享自行车用户出行行为进行探索，构建自行车使用需求预测模型，再据此构建双层规划模型进行自行车系统租赁点的选址设计[16]。以上研究均属于一种战略计划，即从整体的层面进行系统布局的优化设计和运营规划。以下将要列举的研究成果则是从运营计划的层面，对共享自行车系统每一天的运营调度进行优化设计。

静态调度问题是指，运营商在调度期间忽略车辆的移动状态，选择在流量小的夜间进行自行车重新调度，以使系统在第二天白天能满足用户的使用需求。该方向的研究主要集中于在既定调度卡车数量条件下寻找重调度过程中的最短调度路径，以实现调度成本最小化。本尼莫尔（Benchimol）等受到旅行推销员问题（c-delivery travelling salesman problem）的启发，提出了一种近似解来解决在只有一辆调度卡车情况下的静态重调度和路径规划问题[17]。与之类似，西姆拉（Chemla）等[25]通过运用分支和切割算法来求解单辆卡车的静态重调度问题，而该方法能够适应超过100个自行车站点的大型系统的求解。而以上方法在存在多辆调度卡车的情况下求解效率和质量都不理想，为解决该问题，瑞威（Raviv）等通过介绍一组混合整数线性规划公式，提出了可拓展精确和近似求解的方法来解决多调度卡车情况下的共享自行车静态调度问题[18,19]。瑞德（Raidl）等[20]和加斯佩罗（Di Gaspero）等[21,22]运用基于启发算法的可变领域搜索，提出了求解静态重调度问题的近似解。为求解静态重调度问题，埃尔多安（Erdoğan）等提出了一个考虑单一车辆需求间隔的整数规划模型，并利用弯管机分解方案来高效求解[23]。舒伊布鲁克（Schuijbroek）等提出了一个可拓展近似解来应对静态重调度问题，他们利用近似法对自行车站点进行聚类，并给每一个聚类分配一辆调度卡车以满足服务水平需求[24]。不同于其他研究[25]，李（Li）等在静态自行车重调度问题中首次考虑了自行车存在不同类型的情况[87]，克罗缪尼（Kloimüllner）和雷迪（Raidi）则考虑了调度卡车到达每一站点后均采用满载调度的情况[26]。为分析静态调度中的路径优化问题，杨桥东等构建了一个多车场协同运输优化模型，并设计了一种启发式算法进行求解[27]，刘登涛等以运输成本最少为目标构建调度优化模型，并设计一种遗传算法和模拟退火算法相结合的启发式算法进行求解[28]。雷纳-哈巴赫（Rainer-Harbach）等[29]，帕帕采克（Papazek）等[30]，阿尔瓦雷斯-瓦德斯（Alvarez-Valdes）等[31]，布林克曼（Brinkmann）等[32]，赫南德斯-佩雷斯（Hernández-Pérez）等[33]考虑调度卡车多次访问某一站点的情况。此外，奈尔（Nair）等[34]，何（Ho）等[35]和拉波特（Laporte）等[36]等也针对静态调度做出了贡献。然而，静态调度由于忽略了用户在白天的实时需求变动情况，很可能给用户带来较差的服务体验。因此，有学者开始关注如何预测需求和对共享自行车系统实行动态调度的问题。

动态调度问题是指，为响应用户全天候随时间变化的服务需求水平而进行需求预测和实时调度规划，以提升用户的满意度水平。该研究主要集中在需求预测和调度最优路径方面。普罗默（Pfrommer）等基于对30分钟后的需求进行评估，为单辆调度卡车提出了一个近视的调度和路径优化方案，如果是多辆调度卡车的情形，则运用贪心法来求解。此外，该研究还探讨了激励用户改变他们原先打算还车的地点，而将自行车还到邻近较为缺车的站点，以此减轻系统的调度压力[37]。康塔多（Contardo）等提出一个动态重调度模型来应对用户高峰期需求，他们在考虑实时需求的情况下提出一个近视重调度解决方案。此外，他们还应用丹奇（Dantzig）和班德斯（Benders）分解技术加快求解速度[38]。通过利用网络流模型，舒洁（Shu）等通过捕捉自行车的运动轨迹，优化自行车站点规划设计和重调度运营，实现共享自行车系统经济可行性的提升[39]。张（Zhang）等提出一个多产品时空网络流模型，以充分整合用户不满估计、自行车重调度和调度卡车路径规划的内容[40]。此外，奥马奥尼（O'Mahony）等针对高峰期重调度，提出一种新颖调度算法，并利用自行车拖车来替代卡车完成关键站点之间的调度工作；而针对夜间调度，即为次日白天高峰期到来而进行的重调度，则构建最优满载卡车调度路径优化模型来实现盈余和赤字站点的平衡工作。该研究所提出的方法已经应用到城市自行车（Citi Bike）系统的日常运作当中，并得到运营商认可[41]。高斯（Ghosh）等利用混合整数线性规划模型求解动态调度和路径优化问题。他们应用拉格朗日对偶分解法和抽象机制对重调度和路径规划问题进行分解和聚类，以此提高运算速度以适应大型系统的求解需求[42]。何流等通过分析共享自行车需求变化规律，构建多时段的站点状态预测模型，并将该模型与调度优化模型组合成双层模型，最后数值模拟结果证实了其方法的有效性[43]。吴满金等通过分析共享自行车站点的动态需求特性、调度优先级和服务时间窗等问题，构建了动态调度的多目标优化模型，并设计出一种禁忌遗传混合算法进行求解。最后他们利用杭州共享自行车系统数据进行实例分析，证明了所提方法能够有效降低调度成本[45]。然而，以上研究虽然能够减少由于需求变动带来的损失，提高用户满意度，但由于调度自行车的频率提高了，动态调度的费用甚至比静态调度更高。

系统设计和调度优化从运作层面提升了系统运营的可行性和高效性，能够在一定程度上减少运营开支，但尽管如此，邦纳特（Bonnotte）等指出每辆车的调度成本还是高达 5 ~ 10 美元，并由于受到交通拥堵和污染控制的限制，调度效率依然不高[45]。由此可见，单纯依靠调度卡车进行调度，无论怎样优化，缩减成本的潜力都不大，还需从调度的原动力上考虑，如从用户参与调度的角度；而单纯的“节流”也不足以从根本上改善共享自行车系统收益匮乏问题，必须结合“开源”才能有效提升系统整体收益，如开展碳交易获取额外收益。

通过对现存关于共享自行车系统的研究进行梳理可知，当前研究侧重于研究共享自行车系统的重调度和系统规划问题，而张（Zhang）等指出随着共享自行车系统数量的不断增多，未来十分有必要开展进一步优化系统、最大化可持续共享自行车系统价值的研究[47]，但国内外对此却鲜有关注。因此，十分有必要展开共享自行车系统的收益优化相关研究，以解决现存系统存在的收支不平衡问题。

1.2.3 共享自行车系统政府补贴相关研究

20 世纪 90 年代以来，我国城市化建设得到飞速发展，机动化进程也在不断加快，而随之而来的环境污染、交通拥堵、出行安全等一系列问题正日益突显。为解决这一城市交通问题，大力发展公共交通被认为是最切实有效的方式。近十年才开始兴起的共享自行车系统，凭借其低碳环保、方便快捷、便于与其他公交方式接驳等特点，在单车轨道（B + R）换乘、休闲旅游和短距离出行等方面发挥着巨大作用，已逐渐成为城市公共交通体系中的重要组成部分，正日益受到社会各界的广泛重视。

2008 年，共享自行车服务系统被引入国内，由杭州市率先推出共享自行车服务系统。2009 年，武汉市和上海市闵行区先后正式启动了免费共享自行车服务项目。2010 年，广州市正式启动了免费共享自行车服务项目。近日，根据自行车共享世界地图网站的调查结果，目前中国有几十座城市设有共享自行车服务项目，总计超过 40 万辆共享自行车，大部分自 2012 年安装使用。截至 2014 年，综观世界，全球估计有 82200 辆运营的共享自行车，而中国共享自行车数量超过世界其他所有国家的总和[46]。

目前，共享自行车系统现行的运营模式主要包括广告商承包、政府主导建设、营利机构主导建设和政府与社会资本合作（public-private-partnership，PPP）四种，具体的运营模式分析见表 1.1。而中国作为占世界共享自行车数量 70% 以上的国家，其各城市中绝大多数共享自行车系统的运营模式是政府主导 + 私企或公共机构运营的模式[2]。此外，欧洲如巴黎、里昂和巴塞罗那等城市也多采用政企合作的运作模式。亚洲和欧洲这两个共享自行车系统分布最为广泛和密集的大洲多采用政企合作模式，故本书也将以该模式下共享自行车系统为研究对象展开研究。

针对公私合营这种运营模式，政府补贴在其中发挥的作用则显得尤为重要。共享自行车系统作为公交系统中的一种新兴类型，关于其补贴策略和优化方法的研究十分有限，但对于其他传统公交系统的补贴问题，则早已得到学者的广泛关注。例如，费恩利（Fearnley）等[48]和蒂萨托（Tisato）等[49]

表 1.1　　共享自行车系统的现存运营模式[2]

提供方	运营模式	收益来源	代表项目
广告公司	以提供共享自行车服务交换城市街道和广告牌的广告经营权	广告收入 用户使用收费	智慧单车（SmartBike）（美国） 循环城市单车（Cyclocity）（法国）
公共交通机构、地方政府	以公众利益为导向提供共享自行车服务，提升公共交通系统服务能力	政府补贴 市政投资 用户使用收费 车辆和站点广告收入	杭州共享自行车系统（中国） 打单车（Call a Bike）（德国）
营利组织	在政府极少介入的前提下提供可盈利的共享自行车服务	用户使用收费 车辆和站点广告收入	下台单车（Next Bike）（德国）
非营利组织	在相关公共机构的支持下提供共享自行车服务	公私合作投资 用户使用收费 银行贷款 地方投资	碧溪单车（Bixi）（加拿大） 小时单车（Hourbike）（英国） 武汉共享自行车系统（中国）

通过评估公共交通的服务质量，构建了补贴测算模型。纳尔森（Nelson）等[50]通过效用理论和区域运输模式分别推算公共交通的运营给公交出行者和机动车出行者带来的效用。其中，由于公共交通的推行，选择公交出行的民众将得以减少出行成本，仍选择机动车出行的民众则可以由于拥堵减少而节约出行时间成本。博尔克（Borck）和雷德（Wrede）[51]针对机动车和公共交通两种出行方式，提出了相应的通勤补贴模型。我国针对公共交通补贴的研究始于 20 世纪 90 年代，通过参考国外研究与实践经验，主要围绕公共交通公益性，从确定补贴来源、明确补贴对象、制定补贴考核标准和设计补贴测算方法四个角度，对公共交通的政府财政补贴模式和实施策略给予了大量关注。杨则海[52]在公共交通二重性的基础上将其亏损分为经济性和政策性亏损，并借鉴外国对城市公共交通的补贴经验，对我国政策性亏损的招标授权经营和直接授权经营两种补贴形式进行了研究。李瑞敏等[53]通过分析比较多个国家的公交补贴制度和政策，提出我国应加大补贴力度，制定符合我国国情的公交补贴测算与考核机制的建议。郝记秀等[54]利用效用函数，建立了政府补贴、企业经营成本与使用者收入之间的博弈模型，并提出了分类补贴测算模型。田振清[55]针对城市轨道交通补贴有余，而运营商资金使用效率低下的问题，借鉴发达国家的运营经验，为对运营商进行有效的激励与监管，提

出了一种能够实现全系统帕累托改进的菜单式补贴方法。张昊和陈引社[56]在成本规制理论的基础上，提出了公交补贴分类测算与总额确定的模型和方法，并从调整交通供给、调节社会经济运行、改变城市交通需求、推动交通结构调整、促进总供给平衡等角度对公交补贴测算方法的政策效应进行了分析与探索。

然而，以上研究主要针对公共汽车和轨道交通等公共交通，并未对共享自行车这类新型公交运营项目的补贴策略展开探索。共享自行车具有公益性和经营运作市场化的二重性特征。一方面，共享自行车作为社会公共服务行业，政府在价格管理上强调公益性，采取低租赁费用的政策，很难完全按照运营成本及市场变化随时进行调整；另一方面，共享自行车系统运营商的车辆、工人工资、调度成本、维修费用等都已实行市场价格，成本的大幅增加，使得系统服务的价值和价格间矛盾日益突出。如何实现市场价格与实际收益之间协调，政府作为主导方应该如何合理分配资源，实际上是共享自行车系统目前实现可持续运营过程中面临的关键难题。

因此，本书将以可持续运营为视角，针对共享自行车系统的收益优化问题，考虑政府补贴策略对运营商行为和系统收益的影响，展开深入的研究与探索，为共享自行车系统持续运营与进一步推广提供理论与实践指导。

1.3 重点解决问题

1.3.1 本书的研究范围界定

追溯共享自行车系统的发展历史，有多种运营模式，而近几年在我国兴起的共享自行车系统，政府投资—运营商管理的运作模式占比在九成以上，因此，本书的研究对象就确定为由政府投资兴建并负责监管和资金补贴，运营商负责提供服务的共享自行车系统。

共享自行车系统收益是指从系统投资兴建开始到实现运营期间，运营商的营业收入与经营成本和资本成本之间的差额。目前，共享自行车系统的收入来源主要包括自行车租赁收费、广告经营权转让费和社会效益等；其经营成本主要包括自行车调度成本、自行车维修成本和自行车折旧成本等；其资本成本主要包括自行车购置费、站点建设费和政府补贴等。

共享自行车系统收益优化是指通过拓宽收益渠道、节约运营成本和调节收益分配等手段提升共享自行车系统的总体收益，使得系统总体能够获得正向收益，且系统内部各参与方获得总体正向收益，甚至每一期都能得到满意的经济利润。

可持续视角下是指本书所提出的共享自行车系统收益优化策略，必须要具备以下三个角度的可持续性：其一，可持续发展，即所提策略要充分考虑其是否能够秉承共享自行车系统绿色环保的理念，支持共享自行车系统的可持续公共交通这一称号，而非产生新的交通污染；其二，可持续收益，即所提策略要充分考虑其实施效果是否具有持续性，能否持续为系统带来稳定收益，而非急功近利的“一锤子买卖”，即有利于可持续实施；其三，可持续运营，即所提策略的实施要充分考虑其是否有利于维护系统中各参与方的利益，保持系统运营链的稳定结构，而非提高某一方收益同时折损他方利益。

综上所述，本书主要研究可提升共享自行车系统总体收益的可持续运营策略。

1.3.2　本书主要解决的问题

1.3.2.1　共享自行车系统面临的主要问题

自从 2008 年我国引入共享自行车项目以来，经过各省多年的努力实践，共享自行车项目已经越来越深入广大老百姓的心里，成为一种广受欢迎的出行方式。然而，在实践中也出现了许多“水土不服”的问题，总结全国共享自行车项目的成败案例，主要存在如下四个主要问题：

（1）共享自行车系统缺乏配套交通条件。很多城市并没有建设专用自行车道，导致使用者只能在机动道上骑行，缺乏安全性和舒适性。有些城市空气质量较差，出于健康角度考虑，市民不愿意使用共享自行车这种将身体暴露于空气中的出行方式，缺乏使用热情。

（2）共享自行车系统设计不合理。随着共享自行车系统的流行，很多城市追求快速推行这种运营模式，往往存在照搬其他成功城市模板，而未对其适应性进行深入调研的问题，从而导致很多诸如网点设计不合理、车辆调度不及时等运营设计问题，严重影响系统的服务质量。此外，由于投入使用的自行车设计上不够经久耐用，信息化程度不高导致的运营效率低下，也会致使系统运营效果不好。

（3）共享自行车运营商入不敷出。由于共享自行车属于公益性质的项目，基本不收取使用费用，而自行车作为一项损耗品，需要投入大量的人力物力对其进行维护，才能使其正常运行，如此高成本低收入的经营状况，仅依靠政府补贴难以维系。因此，共享自行车系统需要建设合理稳定的收益渠道，以填补成本空缺和减轻政府财政压力。

（4）政府支持不到位。这里的不到位有两种情况，一种是资金或者政策支持不到位，不足以使共享自行车这个环保的出行方式得以顺利推广，另一种就是政府支持虽然到位，但由于政策监管措施不到位，导致投入的资源容易被有意转移利用，未全部用于建设共享自行车系统，以致运营结果事与愿违。

由于以上问题的困扰，导致许多城市的共享自行车项目或者出现烂尾，或者运营举步维艰。与此同时，由于政策制定和运营问题的凸显，使得很多民众对共享自行车项目的必要性和可持续性产生怀疑，认为这个所谓的民生工程消耗数以亿计纳税人的钱，却没有真正为百姓提供便利。另外，由于共享自行车运营商无法自负盈亏，政府需要持续不断的拨款，运营商和政府都陷入资金紧缺的困境中，系统发展前景很不乐观。

就以上分析而言，针对共享自行车系统缺乏配套交通条件问题，需要政府投入长久地坚持和努力，方能妥善解决；针对共享自行车系统设计不合理问题，则属于网点选址规划设计和自行车产品优化设计范畴。而本书将根据笔者的研究方向和特长，着重从收益优化的角度，在考虑政府激励补贴情况下，研究如何提高共享自行车系统收益水平这一亟待解决的关键难题。

1.3.2.2 本书的解决思路

针对共享自行车系统收益优化，本书提出在考虑政府补贴和监管的情况下，从拓宽收益渠道、降低运营成本、优化利益分配和整体运营决策优化四个方面入手，优化提升系统总体收益。从而，使共享自行车系统充分盘活自身资源，激发内在活力，最终成为在市场化运作环境下能够自给自足的可持续公益服务系统。具体的系统收益优化思路如下：

（1）从外部效益内部化的角度提高收入。在共享自行车系统众多外部效益中，目前最有希望实现内部化的应该是环境效益。随着碳交易的普及和推广，使共享自行车系统将环境效益转化为内部经济效益成为可能。杭州的共享自行车系统已率先进行碳交易的尝试，即把每年共享自行车出行量转化为二氧化碳减排量，在北京环境交易所正式挂牌，并于 2012 年 10 月 19 日，经过权威机构的测算，将 9 处共享自行车服务点在 2010 年共减少二氧化碳排放量 615. 55 吨，以 2. 1 万元的价格成功卖给杭州一家企业。而如今杭州市已建设完成了 3500 多个站点，如果全部转化为碳交易收入，将会获得每年 815 万元左右的收益，并且随着出行量和服务网点的增长，碳交易收入还将有上升空间。然而，进行碳交易需要投入人工成本和测算费用，加之在碳交易市场目前仍处于起步阶段，碳交易存在一定风险，需要政府给予适当激励，打消系统运营商顾虑，为共享自行车系统碳交易活动的展开铺平道路。因此，通过政府支持实现共享自行车系统减排效益转化为经济收入，是一种提升系统收益的策略。

（2）从激励用户的角度降低调度运营成本。随着共享自行车系统被越来越多的市民所接受，使用共享自行车出行的人数激增，为城市交通分担了不小压力。然而，由于出行人群具有相类似的出行习惯和出行目的，往往会扎堆出行，形成自行车流的“潮汐”现象。这种现象的产生则要求运营商的调度部门对自行车进行高效的复位，否则极易出现“无车可借，无桩可还”的问题。一旦出现用户需求响应速度慢的问题，将会导致使用者出行满意度集聚下降，从而影响共享自行车这种出行方式的持续推行。虽然现在已经有很多优化调度方面的研究，力求使得调度卡车（所谓调度卡车是指用于搬运调度共享自行车的机动卡车）的工作效率实现最优化，但现实情况是调度卡车在出行高峰期受到机动车道拥堵的干扰，调度效率难以达到实验效果。因此，为解决高峰期自行车复位难的问题，单纯从优化卡车调度路线角度已经遭遇瓶颈，应该转换思路，转而从改变出行者行为的角度进行优化尝试。共享自行车的出行人群从出行目的的角度可分为两大类，一类是上班族，另一类是休闲族。上班族的出行行为改变可以通过鼓励其调整出行时间，从而稀释高峰时期的出行量，而休闲族的出行行为则具有更高的可塑性，因其出行目的可能是骑行锻炼或者采办家用，这些都并非时间地点固定性强的事项，所以，休闲出行者极有可能由于激励而调整出行时间和出行路径。共享自行车系统车辆流动最理想的状态就是能够利用使用者的自发行为实现车辆的自复位，现实如果难以完全实现，通过适当使用激励手段，激发出行者自复位的积极性，也能在一定程度上给予调度工作有益补充和有效分担。当前移动互联网技术日趋强大，其动态信息传递功能使出行路线智能推荐和即时奖励成为可能。因此，充分调动共享自行车用户自身能量进行调度，将可能成为一种提高系统调度效率，降低运营成本的策略。

（3）从合理激励监管合作方的角度维护收益稳定。共享自行车系统作为一个公益项目，虽然不能从收取使用费方面提高收入，但其在公众心目中形象是正面的，是一个良好的广告宣传载体。目前，只要政府批准转让广告经营权，各地的共享自行车系统运营商都会开展广告承包商的招标业务。如果所有自行车的车身和停车棚都能获得商家的青睐，运营商将获得价值不菲的广告经营权转让收入。例如，杭州共享自行车运营商早在2010年底，就曾以1.7亿元左右的总价，将杭州主城区5万辆共享自行车、2000多个共享自行车服务亭广告资源五年的经营权转让给思美传媒。2016年初，杭州共享自行车主城区亭（棚）广告五年经营权经过4家单位39轮竞价，最终，被浙江视科文化传播有限公司以2.14亿元的总价“拿下”。然而，在杭州喜获巨额广告经营权转让收入的同时，许多城市的广告招标无人问津，究其原因有三：其一，一些共享自行车系统运营效果不佳，使用频率低，广告收益不足以弥补广告宣传成本，导致广告经营权转让交易遇冷；其二，很多共享自行车系统处于发展初期阶段，政府后期的支持和政策不明确，广告投入风险较大，广告承包商缺乏参与积极性；其三，运营商由于政府的持续补贴安于现状，没有投入足够的努力去经营和发展系统广告业务。由此可见，共享自行车系统政府、运营商和广告承包商之间缺乏合理的激励约束关系，以致合作关系不稳定。同时，也说明政府目前的补贴方案没能起到很好的引导和监督作用，对共享自行车系统最大化内部效益外部化的推动力不足。因此，研究如何构建政府与运营商，运营商与广告承包商之间的激励约束合作关系，促进各方积极参与系统内部宣传资源转化，是实现所有利益相关方共赢的有效手段。

(4) 从提升系统管理决策水平的角度优化总体收益。共享自行车系统从建设到运行都涉及高额的人力物力投入，因此，在运营过程中决策的选择与变动很可能对整个系统收益状况产生非常突出的影响。目前，政府和共享自行车系统运营商的有关决策多为“拍脑袋”或专家讨论决定，这样确定出来的决策方案难以预料对今后运营的影响，也无法预测最终实施的效果，容易对共享自行车系统的可持续发展造成不良影响。为此，站在系统整体优化的角度，研究在运营周期内共享自行车系统关键决策的最优选择，将有利于系统主管方做出能够最大化系统总体收益的决策，实现共享自行车系统在一定周期内的正向收益，最终兑现“不花纳税人一分钱”承诺。

针对以上分析得出的优化建议，本书将通过科学的调研与模型构建，分别提出具体的优化策略，为政府和共享自行车运营商的收益优化提供有益指导。

1.4 本书结构安排与主要内容

1.4.1 结构安排

本书通过分析共享自行车系统现状，指出其主要存在的问题，并提出解决方案：在单一周期内，提高收益水平，即开展碳交易拓宽收益渠道和实施双向激励策略降低运营成本；在连续多周期内，实现持续运营，即考虑利益相关者激励约束，稳定合作结构，并在此基础上，构建可持续收益优化决策模型，持续提高系统管理决策水平。该模型会同时考虑碳交易收益和实施双向激励机制减少的调度成本。为求解连续运营周期内的最优投资建设停放站点策略以及关键决策变量的最优取值，本书针对所提收益优化决策模型特点，构建了变粒度—深度优先算法，并利用编程和可视化工具对模型的输入输出进行可视化开发。最后，通过实证研究证明了所提收益优化决策模型的可行性和优越性，并通过数据分析提出了相应的政策和管理建议。

本书结构安排如图1.1所示。

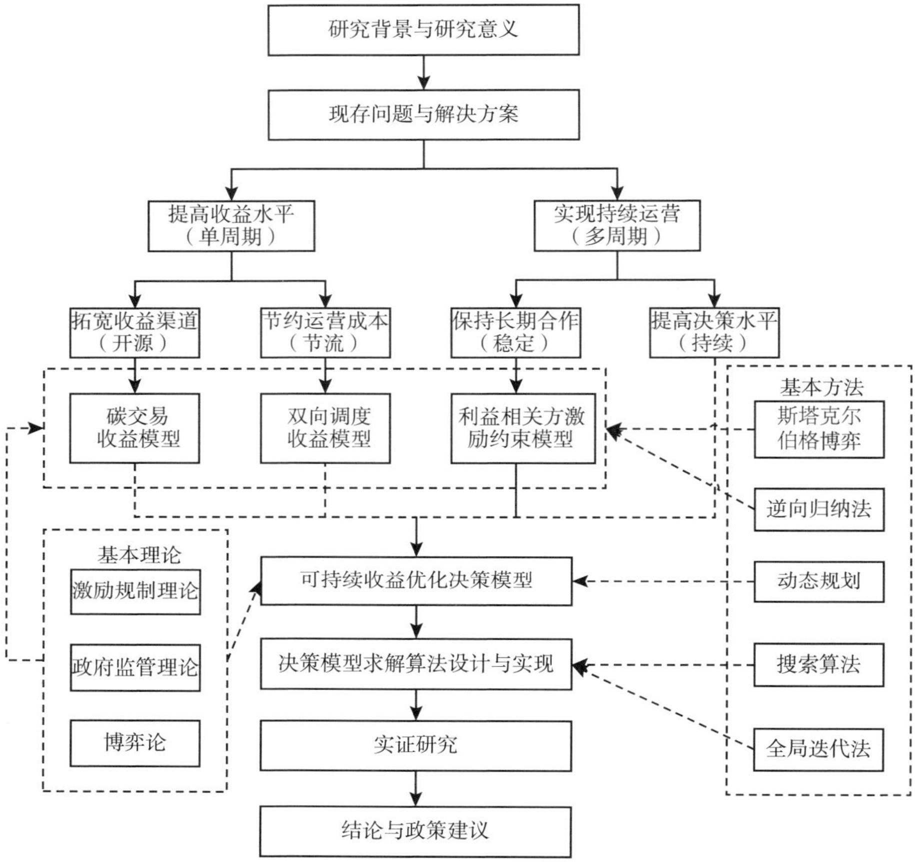

图 1.1 技术路线

1.4.2 主要内容

本书将在可持续视角下，研究由政府主导的共享自行车系统的收益优化问题。本书主要的解决方案：一是利用碳交易的方式将环境效益内部化，实现系统内部增收；二是充分调动用户参与车辆复位的积极性，实现系统调度高效率和低成本的诉求；三是通过制定合理的监管和激励策略，充分调动运营商和广告承包商的参与热情和运营努力程度，保证系统稳定运行；四是通过构建决策模型，为系统总体管理决策水平提升提供助力，使系统得以健康可持续发展。为实现以上方案，本书应用斯塔克尔伯格博弈、效用理论、帕累托最优等研究方法，对所求问题进行模型构建，并应用 MATLAB、C#等工具进行模型求解。此外，本书为增强所提方法的实用性，还运用 Visio Studio 实现系统可视化。

本书具体通过八章内容来进行分析研究：

第 1 章是导论，主要从整体上说明了本书的研究背景与意义、研究思路与主要内容。通过对共享自行车系统研究现状、公共项目中的政府补贴和博弈论在公共交通中应用的现有研究成果进行分析和总结，指出本书研究的重要性和必要性，以及现有文献对本书的启发。通过界定研究范围和描述研究内容，明确研究的重心和关键问题，为全书提供清晰的研究脉络。

第 2 章为共享自行车系统收益优化提供相关理论基础。主要分析公共服务的政府监管激励理论和博弈论相关理论，以及博弈论在共享自行车系统收益优化的应用情况，为之后的研究奠定理论与方法基础。

第 3 章为推动实现共享自行车系统的环境效益内部化，考虑将系统共享自行车出行量转化为碳减排量，通过碳交易收益增加运营收益。由于开展碳交易需要系统运营商先行投入资本，为推动共享自行车系统运营商开展碳交易活动，本章提出了四种不同的政府补贴激励策略，并通过数值模拟探讨和比较了不同策略的适用环境和实施效果。

第 4 章为减轻共享自行车系统每日运行高峰期重调度的运营负担，提出对自行车用户实施双向调度激励机制，即鼓励高峰出行用户采取平峰出行行为，激励平峰出行用户采取逆峰出行行为。为推动双向激励机制的顺利实施，提出了三种不同的政府补贴激励策略，并探讨和比较了不同策略的适应环境和实施效果。

第 5 章从系统整体优化的角度，在综合考虑碳交易和广告收益等内部效益的情况下，提出了政府和运营商之间的监管和激励优化策略，以及运营商和广告承包商之间的激励优化策略。同时，为提升系统整体决策水平，实现系统可持续运营，本章还以整体收益帕累托最优为目标，构建了运营周期内可持续收益优化决策模型。

第 6 章为提高决策模型的求解运算速度，提出了变粒度—深度优先（GC－DFS）算法，利用该算法，快速求解了系统的最优投资建站序列。同时，运用全局迭代算法求解关键决策变量的全局最优解。最后，运用 Visio Studio 2010 编程环境实现了共享自行车运营决策优化系统的可视化。

第7章将系统模拟数据与杭州共享自行车系统的实际数据进行对比分析，证明了本书所提模型的可行性和优越性。此外，本章还进一步通过数值实验分析和讨论所提模型的应用效果，提出了相应政策和管理建议。

第8章对本书得出的所有研究结论进行了系统的总结，同时，也指出本书的不足之处，以及未来进一步的研究课题和方向。

随着共享自行车市场环境的快速更迭，我国由原有的政府主导的有桩共享自行车转变为民间资本主导的无桩共享自行车。为增强本书的时效性，将最新研究成果附于本书附录A内，具体阐述共享自行车2019年以来的发展路径，并通过对共享自行车近年相关的文献、政策和报道进行梳理，得出重点研究方向以及现存问题与对策。

第2章 相关理论基础

2.1 公共服务的政府监管激励理论

2.1.1 政府监管理论

政府监管理论作为一门新兴的经济学分支，也被称为经济性监管（economics of regulation），其中，我国对“regulation”存在“管制”“规制”等多种译法，所指意义是一致的，本书统一使用“监管”这一用法。政府监管是指政府运用其法定权利对社会经济主体的经济活动进行约束和限制，以达到修正企业经济行为的目的。通过政府监管可以为企业行为及市场运行建立相应规则，并直接控制和干预微观经济主体（主要是企业）的不完全公正市场交易行为，以确保市场可持续的健康运行，并最终实现社会福利最大化的目标[57]。

追溯历史，政府监管是产业革命生成的必然产物。在产业革命进程中，许多新的发明和技术不断涌现，传统自由放任的管理思想开始表现出不适应性，于是政府在经济活动中所扮演的角色显得日益重要。例如，铁路交通运输等国家建设类行业的发展，需要大量资本投入，该资金需求非市场聚集所能达到，这就需要通过政府建立相应监管机构，为铁路建设中的资金问题提供监督和帮助。从而，利用监管机构对经济活动进行管制机制设计，以及分析管制对总体社会福利和生产者、消费者福利的影响，构成了政府监管理论早期的主要研究内容。之后，新古典经济学的创始人，英国最著名的经济学家——阿尔弗雷德·马歇尔（Alfred Marshall）提出了“外部效应”思想。所谓外部效应是指生产者或者消费者在实际经济活动中所采取的行为，对其他生产者或消费者造成的非市场性影响。当这种影响是有益的时候，则被称为外部效益（又称正外部性和外部经济性），若影响是有害的，则被称为外部成本（又称负外部性和外部不经济性）。随后，以外部效应思想为基础，马歇尔的学生阿瑟·塞西尔·庇古（Arthur Cecil Pigou）提出了利用政府补贴和税收的形式进行政府干预的思想。经过半个世纪的研究与探索，政府监管理论以此为基础，在20世纪面临的新环境下得到了进一步发展。20世纪30年代，美国爆发了资本主义历史上最大的一次经济危机，该危机从美国快速蔓延到整个资本主义世界。在这段人类社会迄今为止遭遇的影响最深刻、历时最长、规模最大的经济危机期间，西方国家开始关注政府如何监管具有自然垄断特征的公共事业机构。例如，像铁路、电力等大型垄断公司，通过制定高额的垄断价格，以额外夺取消费者福利而获取高额垄断利润。这种做法严重损害了消费者利益，并阻碍了经济社会的和谐发展。为制约这种垄断行为，罗斯福上台颁布“新政”，对公共事业和公交运输等各个垄断行业成立管理委员会，如电力管理委员会、铁路管理委员会等，实行联邦管制，制定实施联邦管制价格，如运费和电费等。在这种经济环境背景下，相继展开了关于信息不对称性、委托代理问题和外部性等研究，使得政府监管理论的内容得到了进一步扩充与完善，实现了新的突破和发展。

政府监管作为政府干预经济的两种主要方式之一，与宏观经济调控不同，其属于政府的一种微观经济管理职能。在经济学中，一般把政府监管划分为经济监管和社会监管两个类别，具体如下：

（1）所谓经济监管，即针对特定行业的产业结构和经济绩效等主要经济活动进行具有政府强制性的管制，其中包括制定准入标准、价格和服务质量等关键指标，以及规定该行业对用户应尽的义务和责任。针对这些公共产业的自然垄断性质和与消费者的信息不对称问题，政府通过对其价格和服务质量进行监管和制约，能够使这些产业获得合法垄断，同时实现社会效益，保障消费者合法利益。经济监管是政府监管理论较为早期的主要表现形式，重点针对公共事业（例如，水力、电力、交通运输、管道运输、金融行业和通信行业等）的进入管制和价格管制。所谓进入管制是指政府对从事自然垄断产业的企业进行产品服务和从业资格的审查和认证，并确定将特许经营权颁发给极少数符合标准的企业，由其承担对应产业的供给。进入管制的具体表现形式为：一是垄断企业由政府所有和掌控，以社会福利水平的提高为运营首要目标，不单纯追求自身利益最大化；二是授予能够提供优质服务和低廉价格的企业特许经营权；三是通过分解全国性的垄断企业，形成地区性垄断企业，促成区域间的有效竞争，在竞争中提升各自的内部经营效率。所谓价格管制是指政府以保护消费者利益、促进企业提高运营绩效和维护企业发展潜力为目标，对垄断行业的价格进行管控。为保护消费者利益，政府对处于垄断地位的企业的服务价格进行外部有效约束，可以制约垄断企业将消费者剩余转化为生产者剩余的行为，抑制这种扭曲社会分配结构行为的产生。为促进企业提高生产效率，政府通过建立一种竞争机制，刺激垄断企业进行管理和技术的研发与创新，从而既能形成规模经济效益，又能提升运营效率。为保障企业发展潜力，政府在制定监管价格的时候要充分考虑垄断企业发展所必需的大规模投资需要，要确保企业能够在规定价格的经营条件下不断获得自我积累，从而能够不断增大产业供给能力以满足日益增大的社会需求。

（2）所谓社会监管，即通过管制达到保障消费者和劳动工人健康安全以及保护环境的目的。针对外部不经济性，即交易双方在完成交易时，会生成的一种由社会或第三方被迫支付的成本，如环境污染成本、自然资源枯竭式掠夺性开采成本等，政府应当设置准入标准和税收等管制办法，制约交易主体的外部不经济行为。针对内部不经济性，即交易双方在交易过程中信息不对称，使得获得信息较少的一方蒙受非合约成本的损失，如恶意隐瞒工作场所存在安全卫生隐患及售卖假药和劣质商品等，政府应当进行信息披露和准入标准制定等管制，约束这种内部不经济性行为的发生。不同于经济监管，社会监管不针对某一特定行业，其监管对象是全体社会中的所有交易参与者。

针对社会监管的研究出现得较晚，但随着生活水平的不断提高，人们对生活与工作环境、安全和质量的追求日益提升，都预示着社会监管这一面向环境保护和安全保障的研究课题会获得进一步的探索和发展。

根据政府监管理论的概念和实施条件，共享自行车系统作为公共交通服务的一员，既具有公益性又具有市场化的特性，为使系统能够最大限度地服务民众，同时实现社会福利最大化的目标，政府的有效监管起到至关重要的作用。因此，本书在研究各种提升共享自行车系统收益策略的同时，会着重考虑政府监管对优化策略实施发挥重要作用和相关影响。

2.1.2 激励规制理论

20 世纪 90 年代以来，随着政府监管理论的进一步发展，激励规制理论作为政府监管的重要内容被提出并引起广泛关注。追溯历史，在 20 世纪 70 年代中期，在一些西方国家中，公众不满于管制所带来的经济负担和自然垄断行业低下的运营效率，加上经济学家对各种管制方案的批判，引发了一场声势较大，旨在废除管制方案的放松管制运动。首先是美国航空公司的管制取消，之后其他部门相关管制也取消了，尤其是对利润率的管制。然而，引进竞争和放松管制并不能完全解决垄断行业存在的问题，同时，市场竞争也无法完全约束企业的垄断行为。从而，完全取消政府管制的形式也不能达到理想效果，这就需要探索一种通过采用较少限制或减轻企业负担的干预方法来实现政府管制目标的方式。在这种背景下，20 世纪 90 年代后期，结合当时新兴的信息经济学、博弈论和机制设计理论等前沿分析方法，人们开始反思传统的管制理论和思维模式。于是，一种新的自然垄断管制理论——激励规制理论应运而生。

激励规制理论是建立在监管机构与被监管企业之间存在信息不对称和行为目标不一致的假设条件基础之上。这种主从关系的信息不对称主要表现在：一是被监管企业更了解满足生产目标的最低成本和生产技术；二是被监管企业更了解为降低成本自身需付出的努力程度，但这种付出往往无法度量；三是即便双方就成本达成共识，被监管企业决策者若为风险规避型，会用效率收益与监管机构交换部分风险；四是产品与服务的供给量、质量等关键变量，往往是监管机构最为关注，却又无法直接观测和完全把控的。除了以上阐述的信息不对称外，监管机构与被监管企业之间还存在行为目标的不一致性，主要表现在监管机构的目标是社会福利最大化和企业效率最优，而被监管企业的目标则是追求自身利益最大化。在传统的监管方式下，被监管企业为实现自身利益最大化，会充分利用自己对信息掌握更完全的优势，隐瞒真实情况，虚报生产成本，并根据监管机构制定的补偿和支付标准见机行事，选择自己的努力水平。而监管机构由于信息不全面，也无法证实被监管企业存在虚假报告信息行为，加之没有相关法规和合同的制约，其不得不承受来自被监管企业隐瞒欺诈的道德风险问题。传统的监管理论正是缺乏对信息不对称和目标不一致性的认识，从而没有制定出针对克服逆向选择和道德风险的监管办法，从而导致监管效率低下。为应对监管双方之间存在的信息不对称性和目标不一致性，激励规制理论在新兴机制设计理论的基础上，把这种问题作为委托代理问题进行处理，通过设计能够规避被监管企业虚报信息的激励规制合同，实现管理效率的提升。

所谓激励规制是指政府在市场经济体制条件下，根据有关规章制度，以实现治理市场失灵为目标，采取的干预企业经济活动的行为。激励规制的具体做法为：一是政府通过制定有效激励，向被监管企业释放提高生产率和施加竞争压力的正面诱因，从而促使企业内部效率的提升；二是给予被监管企业一定制定价格的权利，诱导其利用自身信息优势，将利益最大化的动机主动转化为提升生产率和降低成本，从而获得利润增额。激励规制不同于传统的命令式管制，其设计目标明确，给予被监管企业一定的自主权，但同时仍会对被监管企业的经济活动进行相应的评估和制约。在这种监管机制的作用下，能够有效激励企业发挥自身信息优势去提升社会整体利益。

确定规制者的最优目标函数是激励规制设计中最为重要的一个步骤，而规制者的激励目标通常具有多重性，例如，生产效率最大化、成本最小化、产品或服务质量最优、投入产出比最大化等，需要规制者综合考虑后制定一种简单、易行和公平的规制政策。在不同的限制条件下，规制者会对多重目标中的某些方面尤为侧重，但其余目标又都需要考虑，这就需要规制者选择一个最优折中策略，给每个目标的重要性制定量化的权重指标，从而形成一个整体的，能够表达规制者制定期望的目标函数，供规制者制定政策时参考。

激励规制主要包括特许投标规制、联合回报率规制、区域间竞争规制、价格上限规制、延期偿付率规制、菜单规制和利润分享规制七种主要类型，各类型的具体描述如下：

（1）特许投标规制。为保证规模经济，实现帕累托改进，特许投标规制通过间接引入竞争的手段促使被规制者自觉提高内部效率。该规制是在德姆塞茨（Demsetz）的文章《为什么要对公用事业进行规制》中被最先提出，文章指出规制者可以利用竞标的方式选择性价比最高的企业授予特许经营权，以此作为对该企业提供低成本、高质量产品和服务的奖励。

（2）联合回报率规制。为制定合理且具有一定挑战的投资回报率，规制者通过充分考虑价格变化的影响因素，根据企业所提出的投资回报率，在进行一定调整后提出提高投资回报率的申请及期望投资回报率区间，被规制者则根据自身经营目标，在该区间内确定投资回报率目标。

（3）区域间竞争规制。为促进全国性的垄断企业不同地区分公司的竞争，规制者通过制定地区性竞争政策，激励各地区企业互相刺激和影响，从而提升内部整体效益。但在具体实施过程中，由于地方固有的差异导致规制者制定公平统一的竞争规则存在极大的难度，需要准确掌握各地区实际运营成本及各项具体指标，方能制定出相对合理的竞争策略。

（4）价格上限规制。为更有效促进被规制者提高效率降低成本，规制者通过以合同形式确定价格上限，被规制者可以在这一上限之下自由确定价格的方式，赋予被规制者更多的定价选择权。在这种价格上限规制运行下，可以促使被规制者在保证不亏损的情况下努力实现社会福利最大化。该规制由李特查尔德（Littlechild）首先提出，并广泛应用于英、美国家。

（5）延期偿付率规制。为促进消费，规制者给消费者提供先消费后付费的服务，消费者只需在一个既定时期内完成付费即可。

（6）菜单规制。为给被规制者提供一种更为人性化的规制方式，规制者以菜单的形式，将多种规制方案组合展示出来，供被规制者综合考虑和选择。

（7）利润分享规制。为促进企业与消费者之间利益的公平分配，充分发挥规模经济效益，规制者通过刺激消费的方式，让消费者直接参与公共产业的超额利润分配和分担亏损。规制者通常采取给消费者提供未来消费价格折扣的方式实现利润分享规制。

2.1.3 基于激励规制理论的政府监管政策设计

在实践中，企业与规制者之间存在两种形式的信息不对称，即事前逆向选择和事后道德风险。而政府监管政策设计的核心就是在这两种信息不对称约束下寻找一种能使规制者收益最大化的契约，这就需要充分应用激励规制的理论方法，尽可能降低信息不对称带给规制者的监管难度。以下将具体阐述事前逆向选择和事后道德风险的具体内涵和应对策略。

2.1.3.1 事前逆向选择

由于企业直接负责实际运营工作，其掌握更多的市场需求和成本等信息，这些信息与规制者所知晓的信息是不对等的。因此，规制者需要制定一个使企业通过其信息资源优势做出的行为选择同时也能实现政府收益最大化的契约。要实现以上的双赢目标，在政策制定中通常要考虑个体理性和激励相容两个约束。所谓个体理性约束是指企业接受契约获得的收益不能小于其不接受契约所能得到的保留收益，否则企业会拒绝达成合作关系。所谓激励相容约束是指在企业总是追求自身利益最大化的假设前提下，所制定的契约能使企业的选择正好是规制者所期望的，即契约双方分别从“自私”的角度出发，但双方所制定的运营目标却能达成一致。

2.1.3.2 事后道德风险

规制者与企业合作契约达成后，由于无法直接对企业行为进行监视，企业是否在实际运营中依照契约规定行事，还需要规制者通过间接激励的方式进行洞察。所谓间接激励是指规制者将某一自己可观测的运营变量与给企业的绩效奖励挂钩，以补偿的方式激励企业采取规制者期望的行为。其中，所选择的运营变量必须能够随企业行为的变化而变化，具有较高的敏感度，只有这样才能真实而灵敏的反映企业运行的实际状况，为规制者的补偿行为提供指导。当然，运营变量还往往具有可变性，即可能因为某些随机事件导致在企业行为不变的情况下取值发生较大变化，从而影响了规制者的判断。这就需要规制者对这一风险进行适当的补偿，以满足企业对风险规避的需求。

2.2 博弈论的基本理论与相关概念

2.2.1 博弈论的基本要素和类型

博弈论（game theory）是由匈牙利大数学家冯·诺伊曼（John von Neumann）于20世纪20年代开始创立。为了对博弈论进行系统化和形式化梳理和表达，1944年诺依曼与经济学家奥斯卡·摩根斯特恩（Oskar Morgenstern）合作出版了巨著《博弈论与经济行为》，此书的出版标志着现代系统博弈理论的初步形成。随后约翰·纳什（John Nash）利用不动点定理证明了均衡点的存在，为博弈论的一般化打下坚实基础。博弈论是一种独特的处于各学科之间的研究人类行为的方法，其主要内容是研究多个个体或团队之间在特定条件制约下的对局中利用相关方的策略，而实施对应策略的学科，也称为赛局理论，或者对策论，是研究具有竞争或斗争性质现象的方法和理论。与博弈论有关的学科包括数学和经济学以及其他社会科学和行为科学，主要研究公式化了的激励结构（游戏或者博弈）间的相互作用。

博弈论的基本概念包括博弈的要素和博弈的基本分类。其中，博弈的要素包括参与者、策略、支付、次序和均衡，至少具备前三个要素，方能构成一个博弈过程。各要素的具体内容如下：

（1）参与者（players）。在一场博弈或竞赛中，每一个有决策权的局中人成为一个参与者。“两人博弈”顾名思义就是只有两个参与者的博弈，而“多人博弈”则是指存在大于两个局中人的博弈。

（2）策略（strategies）。参与者在一场博弈中，从全局的角度出发，选择的指导其整个行动的切实可行的方案，称之为策略。如果一场博弈中参与者们的全部可行策略的数量是有限的，则称之为“有限博弈”，反之则称之为“无限博弈”。

（3）支付（payoffs）。一局博弈结局时的结果称为得失。每个参与者在一局博弈结束时的得失，不仅与该参与者自身所选择的策略有关，而且与全局中其他参与者所决定的一组策略有关。所以，一局博弈结束时每个参与者的“得失”是全体参与者所选择的一组策略的函数，通常称为支付函数。

（4）次序（orders）。每个博弈中的参与者公布其决策存在先后之分，且一个参与者在一场博弈中可能要做不止一次地决策，这就出现了次序问题。在两次博弈中，其他所有要素相同，但次序不同，则这次博弈就不同。

（5）均衡（equilibrium）。均衡代表一种平衡的状态，即博弈中各个相关量的决策值都处于一种稳定的状况。

博弈根据不同基准也有不同的分类。一般认为，从行为的时间序列性，博弈论进一步分为静态博弈、动态博弈两类：第一，静态博弈（static game），是指在博弈中，参与人同时选择或虽非同时选择但后行动者并不知道先行动者采取了什么具体行动；第二，动态博弈（dynamic game），是指在博弈中，参与人的行动有先后顺序，且后行动者能够观察到先行动者所选择的行动。

按照参与人对其他参与人的了解程度，可以将博弈分为完全信息博弈和不完全信息博弈两类：第一，完全信息博弈（complete information game），是指在博弈过程中，每一位参与人对其他参与人的特征、策略空间及收益函数等信息都准确的知晓；第二，不完全信息博弈（incomplete information game），是指如果参与人对其他参与人的特征、策略空间及收益函数信息了解得不够准确，或者不是对所有参与人的特征、策略空间及收益函数都有准确的信息，在这种情况下进行的博弈就是不完全信息博弈。

目前经济学家们所谈及的博弈论一般是指非合作博弈，这是由于合作博弈论比非合作博弈论复杂，在理论上的成熟度远远不如非合作博弈论。非合作博弈又分为完全信息静态博弈、完全信息动态博弈、不完全信息静态博弈和不完全信息动态博弈。同时，与上述四种博弈相对应的均衡概念为：纳什均衡、子博弈精炼纳什均衡、贝叶斯纳什均衡和精炼贝叶斯纳什均衡。非合作博弈的分类以及各类分别对应的均衡与完全信息、不完全信息博弈和静态、动态博弈的对应关系如表 2.1 所示。

除此之外，博弈论还有很多分类，例如，以博弈进行的次数或者持续长短可以分为有限博弈和无限博弈；以表现形式也可以分为一般型（战略型）或者展开型等。本书中涉及的参与方为政府、运营商、出行者和广告承包商等，主要探究各参与方在均衡状态下的最优策略选择。由于我国共享自行车系统属于公私合营性质的公共服务行业，各参与方的特征、策略空间及收益函数等信息都相对公开，又因为政府的政策支持和激励对共享自行车系统运

表 2.1 非合作博弈的分类以及各类分别对应的均衡

类别	完全信息	不完全信息
静态博弈	完全信息静态博弈 纳什均衡（Nash equilibrium）	不完全信息静态博弈 贝叶斯纳什均衡（Bayesian Nash equilibrium）
动态博弈	完全信息动态博弈 子博弈精炼纳什均衡（subgame perfect Nash equilibrium）	不完全信息动态博弈 精炼贝叶斯纳什均衡（perfect Bayesian Nash equilibrium）

营的影响显著，运营商的运营决策会随着政府决策的变化而变化，其他参与方也会根据运营商的决策变化进行决策调整，从而本书的博弈主要为完全信息动态博弈，与之对应的均衡为子博弈精炼纳什均衡。

2.2.2 纳什均衡

纳什均衡，又称为非合作博弈均衡，是博弈论的一个重要术语，以约翰·纳什命名，是约翰·纳什在普林斯顿大学攻读博士学位期间，开创的与合作博弈框架路线均不相同的博弈理论。纳什运用严谨的数学语言和精确而简明的文字定义了纳什均衡这一概念，并证明在包含“混合策略”的情况下，纳什均衡在多人有限次博弈中的普遍存在性，为非合作博弈理论发展奠定了坚实基础。纳什均衡是博弈论中最重要的概念之一，各种非合作博弈模型的均衡概念（所谓均衡是指所有参与者的选择是当前状态下最优的，参与者没有改变行为的动机，因此处于相对稳定的状态）都是建立在纳什均衡的基础之上，是博弈论发展中的重要成果。纳什均衡的基本概念如下：

一个策略型博弈模型 $G=<N, A_i, u_i>$ 由以下元素构成：

（1）有限集合 N，表示有 N 个参与者；

（2）非空集合 S_i，是由每个参与者的可选策略构成的集合；

（3）支付函数 u_i，是各对策方策略的多元函数。

纳什均衡的定义：设 $G=<N, A_i, u_i>$ 为一个具有完全信息的策略型博弈模型，如果由各个博弈方的各一个策略组成的某个策略组合（s_1^*，…，s_n^*）中，任一博弈方 i 的策略 s_i^*，都是对其余博弈方策略的组合（s_1^*，…，s_{i-1}^*，s_{i+1}^*，…，s_n^*）的最佳对策，也即 $u_i(s_1^*, \cdots, s_{i-1}^*, s_i^*, s_{i+1}^*, \cdots, s_n^*) \geqslant$

$u_i(s_1^*, \cdots, s_{i-1}^*, s_{ij}^*, s_{i+1}^*, \cdots, s_n^*)$ 对任意 $s_{ij} \in s_i$ 都成立，则称 $(s_1^*, \cdots, s_n^*)$ 为 G 的一个纳什均衡[58]。当参与者选定的策略组成纳什均衡后，形成一个平衡局面，任何一方单方面改变自己的策略，只可能使自己的收益下降（或不变），而不会增加。

2.2.3 子博弈精炼纳什均衡

博弈论的研究目的是寻找博弈的解，在静态博弈中我们将纳什均衡作为博弈的解，但纳什均衡作为博弈解面临一个多重性的问题。当将纳什均衡作为扩展式博弈的解时，多重性问题依然突出。为应对这一问题，精炼是一种主要方法，即在纳什均衡的基础上，通过定义更加合理的博弈解并剔除不合理的均衡。莱茵哈德·泽尔腾（Reinhard Selten）在 20 世纪 60 年代中期将纳什均衡概念引入动态分析，在 1965 年提出了“子博弈精炼纳什均衡”的概念[59]，又称为“子对策完美纳什均衡”。所谓子博弈是指原博弈的一部分，它始于原博弈中一个单结信息集中的决策 x_i，并由决策结 x_i 及其后续结共同组成。一般用 $\Gamma(x_i)$ 表示博弈树种始于决策结 x_i 的一个子博弈。其中，子博弈可以作为一个独立的博弈进行分析，并且与原博弈具有相同的信息结构，原博弈也可以作为自身的一个子博弈。于是，子博弈纳什均衡的定义为：扩展式博弈的策略组合 $s^* = (s_1^*, \cdots, s_n^*)$ 是一个子博弈精炼纳什均衡，当且仅当满足条件：它是原博弈的纳什均衡，以及它在每一个子博弈上构成纳什均衡。也就是说如果一个策略组合是子博弈精炼纳什均衡当且仅当它对所有的子博弈（包括原博弈）构成纳什均衡，即剔除了那些只在特定情况下合理而在其他情况下并不合理的行动规则。同时也意味着原博弈的纳什均衡并不一定是子博弈精炼纳什均衡，除非它还对所有子博弈构成纳什均衡[60]。

依照决策次序，先做决策的参与者必然会基于后做决策参与者的可能决策进行策略选择，从而，只有在最后一个博弈阶段，在不受后续阶段牵制的时候，参与者才能得出最明智的决策。因此，为求解子博弈精炼纳什均衡，尤其是对于完全信息博弈问题，通常采用逆推归纳法。所谓逆向归纳法（backward induction）是指为求解动态博弈的均衡结果，从最后一步往回推的方法，又称作逆推法。逆向归纳法属于完全归纳推理，其推理是演绎的，即结论是必然的[61]。逆推归纳法的求解过程如下：

(1) 求解博弈树中最底层的子博弈 $\Gamma(x_n)$，得到子博弈 $\Gamma(x_n)$ 的最优决策，即能给自己带来最大支付的子博弈；

(2) 按照博弈进程的“反方向”逐一求解各子博弈，直至原博弈。

2.2.4 斯塔克尔伯格博弈

斯塔克尔伯格博弈的原型最早是由德国经济学家斯塔克尔伯格（H. Von Stackelberg）于1952年提出，是古诺博弈（Comot game）模型的一种变形，是领导者——追随者博弈（L/F games，leader-follower games，也有人称为多层博弈）的最简单形式[62]。具体而言，该模型中的参与者根据其决策层次关系不同，分为上层决策者和下层决策者。所谓上层决策者，又称为领导者（leader），在博弈关系中具有支配权。所谓下层决策者，又称追随者（follower），在博弈关系中处于从属地位。下层决策者在做决策之前能够观察到上层决策者的行动信息，而上层决策者也能预见自己每一个决策对应的下层决策者行为选择。在具体决策过程中，首先，由上层决策者给出决策变量，下层决策者则根据这一决策变量确定自己的最优决策，之后，上层决策者根据下层反馈的最优决策信息调整自身的决策变量，随后，下层决策者再根据上层新调整的决策变量值，寻找符合自身利益最大化的最优解，以此往复，直至上下层决策者均得到满意结果为止。

在此类问题中，还可能出现有多个上下层决策者、决策者有多个目标的情况，限于篇幅，此处不再赘述，仅描述拥有一对上下层决策者的情形，即二人斯塔克尔伯格博弈模型，具体如下所示：

$$\min_{x} F(x, y)$$

$$\text{s.t. } G(x, y) \leqslant 0$$

y 为给定 x 后如下参数规划问题的解

$$\min_{y} f(x, y)$$

$$\text{s.t. } g(x, y) \leqslant 0$$

其中，F 表示上层决策者的目标函数，x 表示上层决策者的决策变量，y 表示下层决策者的决策变量，G 表示构成上层决策者决策集合的约束函数，g 表示构成下层决策者决策集合的约束函数。

在现实中，面临的多为规模大、结构复杂、决策者众多和目标函数繁多的供需关系平衡问题，而斯塔克尔伯格博弈作为一种能够适应当代经济社会环境的理论，有着广泛的实际应用背景。在共享自行车系统的实际运行中，其作为一个以出行者位移为商品的经济市场，决策问题也是多种多样，例如，出行者的出行路线和出行时间选择，自行车调度路线的选择，站点密度、地址和容积的选择等，都涉及出行者与运营商、运营商与政府、政府与出行者等关系之间的博弈[63]。而共享自行车系统中的运营商、出行者和政府、相关管理机构，其决策目标大多是符合“理性经济人”市场经济学假设的。对于运营商和出行者而言是追求自身利益最大化，而对于政府和相关管理机构而言则是以系统效用最大化作为决策目标[64]。通过对共享自行车系统各利益相关方之间的合作关系分析，发现各参与者决策变量的选择会相互影响，从而导致不同的运营绩效，可以根据斯塔克尔伯格模型的范式对这些问题进行抽象和提炼，然后利用逆向归纳法求解得到问题的最优解，为共享自行车系统的实际运营决策提供借鉴与参考。

2.2.5 帕累托最优

帕累托最优（Pareto optimality），也称为帕累托效率（Pareto efficiency）、帕累托改善、帕累托最佳配置，是以意大利经济学家维弗雷多·帕累托（Vilfredo Pareto）的名字命名，并由帕累托在其关于经济效率和收入分配的研究中首次提出，是博弈论中的重要概念，并且在经济学、工程学和社会科学中有着广泛的应用[65]。

在解释帕累托最优之前，先定义“帕累托改进”。所谓帕累托改进是指一种资源配置状态的改变至少使得一个参与方的状况变得比不变之前好，而同时不对任何一个参与方造成损失。而帕累托最优就是指无法再进行帕累托改进了，否则一定会有参与方受损。换言之，在帕累托最优的条件下，是不可能在让某一参与资源分配方的利益不受损的情况下，使另一方获得更大利益，即“从此以后，非损人不能利己”。

帕累托最优化的条件突出了福利经济学中效率的意义。福利经济学理论指出，社会中的各类人群，在可以完全自由选择的体制下，能够在各自追求自身利益最大化的情况下，实现社会整体经济资源的最合理配置。所谓市场机制，实则是一只看不见的手，引导着人群从自身利益出发，却往往在各种买卖、竞争和合作关系中达到互利的理想经济效果，即交易便是共赢。然而，尽管经济学家相信市场机制是目前最有效的资源配置方式，但现实中的市场并不足够理想和完备，尤其是交易信息不对等问题，使得社会资源配置依然存在许多浪费。若要提高经济效益则必须减少浪费，那么如果交易中，一方在不折损对方利益的情况下使自己的处境得到改善，则说明这个交易在资源配置上进行了帕累托改进，即经济效益得到了提高。管理学研究的内容无非是研究人、物、财等资源的优化配置，以实现效益最大化同时成本最小化。而管理决策的过程，则是不断进行帕累托改进，力求接近帕累托最优的过程。例如，在企业运营中，必须在保证员工利益不受损害的情况下力求企业自身利益最大化，这就是一个帕累托改进，即追求帕累托最优的过程。如果一个企业中存在不使他方境况变差的情况下使自身境况变好的可能，则说明该企业的管理状态没有达到帕累托最优，处于低效运作的阶段。因此，帕累托最优还是衡量一个经济体和管理政策运行效果的重要标准。

共享自行车作为一种具有公共服务性质的公共交通工具，其运营的目标应该是能够在政府、运营商、使用者及其他利益相关方的利益得到保障的情况下，总体收益最大化。那么就要求共享自行车系统的管理者不断追求帕累托改善，优化系统各利益相关方的资源配置水平，直至达到帕累托最优状态。在本书中，将以帕累托最优作为共享自行车系统管理优化的目标，进行管理决策和政策设计，以保障共享自行车系统的收益实现不断优化和持续运营。

2.3 博弈论在共享自行车系统收益优化中的应用

近年来，国内外一些经济学家将博弈论这一现代经济学的前沿分析工具融入公共交通领域层面，取得了一些理论成果。目前，已有很多研究用博弈理论解释城市公共交通问题，例如，利用委托—代理模型解决公共交通行业中的政企合作问题，将政府设为委托方，企业设为代理方，构建政府与公交企业之间的博弈模型，求解得出最优的激励约束政策。又例如，利用完全信息静态博弈模型分析出行者出行选择行为，根据均衡条件的分析探索产生交通拥堵的原因，并得出相关的解决策略和政策建议。此外，还有利用利益相关者理论分析公交系统中各参与方之间的博弈关系。目前，博弈理论已经渗入到公交系统各参与方之间的竞争关系、出行者行为选择、不同交通方式之间的价格竞争和政府与公交企业之间的补贴与激励等多个领域，在公共交通方面的研究中得到了广泛应用，从理论层面为公共交通顺利运行解决了许多实际问题。

在我国的共享自行车系统中，政府的监管和激励扮演着尤为重要的角色。在政府作为委托方，共享自行车系统运营商作为代理方的委托—代理关系中，往往会出现由于信息不对等导致的合作效率低下的问题。在这种情况下，政府作为委托方，如何设计激励约束契约，以保证自己在信息不对称的情况下，充分利用现有信息规避运营商的逆向选择和道德风险，同时还要在不打击运营商参与积极性的情况下，利用参数设计实现有效激励，成为政府在投资监管共享自行车项目中所面临的重要问题。因此，政府需要根据共享自行车系统的自身特性、服务特点和成本构成等，设计高效可行的激励约束机制。由于共享自行车的使用量反映了出行者对该系统的满意程度以及该系统站点选址、车辆投入和调度设计的合理程度，本书主要以共享自行车使用量这一可观测参数，作为政府对运营商努力程度的评价指标，并以此作为政府激励和惩罚力度的调节变量。除此之外，本书还将进一步探讨运营商与广告商之间，运营商与用户之间等存在的博弈关系，研究如何建立有效的激励约束契约，平衡博弈双方间的利益诉求，以保障系统中各利益相关方的长期稳定合作关系。

此外，共享自行车系统作为具有公益性的公共交通项目，不仅要考虑其实际经济收益，还应充分考虑其运行所带来的社会效益，即共享自行车系统产生的总体社会福利价值。例如，共享自行车绿色环保的特性，可以减少因交通出行导致的二氧化碳排放量；共享自行车人力驱动的特性，可以增强出行者的身体素质，从而减少医疗支出；共享自行车体积小、行驶灵活的特性，可以有效减轻高峰期交通拥堵压力，为高峰出行人群提供分流途径。因此，充分考虑共享自行车系统的社会效益能够更全面地评价该系统的实施价值，有利于政府制定更合理的补贴激励策略，推进该系统的顺利实施。

针对如何制定符合共享自行车系统特性的激励监管机制，本书提出要在综合考虑系统各参与方的利益，保证各方参与积极性的前提下，以社会福利最大化为决策目标，设计合理的激励和惩罚参数，实现共享自行车系统收益优化。因此，需要充分利用博弈论的理论基础知识，完成政府与运营商之间委托—代理、激励管制、出行者行为选择和系统帕累托改进等模型的设计和求解，从而提升共享自行车系统在各种收益优化策略实施过程中的可行性和政府参与效率。

2.4 本章小结

共享自行车作为一种新型的公共交通工具，其运营系统兼具公益性和市场性。其中，公益性要求共享自行车系统能够最大限度地为民众提供物美价廉的公共交通服务，而其市场性又导致共享自行车系统运营商会以自身利益最大化为目标进行运营决策。此两方面的冲突需要政府这一管制方进行约束和协调，才能找到系统可持续运营的平衡点，从而实现系统收益方面的提升和优化。为制定合理有效的激励监管机制，协调共享自行车系统各参与方的决策行为，提升系统总体收益，本书将充分利用以博弈论为基础的现代经济学理论和方法，设计不同情形下的决策模型和激励约束机制。为此，本章详细介绍了政府监管激励的相关理论，以及博弈论的基本理论和相关概念，并对博弈论在共享自行车系统收益优化中的应用进行了具体阐述，为后续章节研究提供了必要的理论和方法基础。

第3章
共享自行车系统碳交易收益模型研究

3.1 引　　言

随着人们对全球变暖问题的不断重视，各国政府皆在努力寻找节能减排与经济发展的平衡点。为此，联合国出台《联合国气候变化框架公约》及《京都议定书》两大公约，催生以二氧化碳排放权为主的碳交易市场机制，包括：清洁发展机制（CDM）、联合履行机制（JI）和国际排放贸易机制（ET）等，把碳排放权作为一种商品在欧盟市场流通，通过经济激励来促使企业采取减排措施。2013 年全球碳市场交易总量约为 104.2 亿吨，交易总额约为 549.08 亿美元，是世界主要产品市场之一。[①] 中国作为在 CDM 市场上占 60% 份额的国家，为探索更适合国情的碳交易方式，历经了由 CDM 市场到碳交易配额交易型市场的转变。2002 年，中国碳交易市场以 CDM 形式开始，12 年后

① 中国碳排放交易网．世界碳交易市场建设总体情况［EB/OL］.（2016－7－21）. http：//www.tanpaifang.com/tanjiaoyi/2016/0721/54823.html.

CDM 逐渐停止审批。国家发改委于 2010 年 8 月 10 日出台《关于开展碳排放权交易试点工作的通知》，提出逐步开展碳排放权（配额 + CCER，后者指国家核证自愿减排量，可以进入交易市场，并可以在一定范围内抵消其他企业超额排放部分）交易市场试点。2013 年 6 月 18 日，深圳率先建立碳排放权交易市场，标志着我国碳交易配额交易型市场启航。由此可见，低碳经济、碳交易市场的发展是一个必然趋势，也是各项运营活动需要积极面对的问题。

据深圳市碳排放权交易研究课题组的研究数据显示，2015 年深圳交通运输行业碳排放占深圳总排放量的比例将上升到 40%，成为第一大排放源。公共交通对于解决城市道路畅通和节能减排的作用已开始得到政府的高度重视，共享自行车系统作为低碳公共交通的重要组成部分，更是迎来了前所未有的发展机遇。那么如何抓紧目前大好时机，让共享自行车系统在“低碳经济”浪潮中得到经济利益，实现可持续运营发展，也越来越受到国内外各界的广泛关注。在此背景下，如何制定激励共享自行车系统运营商转变环境效益为经济效益，同时提高共享自行车公交分摊率的补贴政策，以及系统如何应对政府补贴政策做出相应经营决策，成为政府与运营商亟待解决的现实问题。从而，探究考虑推进碳交易实施过程中，政府补贴与运营商之间的博弈关系，将有助于解决这一问题。

国内外已有文献对政府补贴与企业间博弈问题进行了广泛研究。例如，刘慧慧等通过建立双渠道回收竞争模型，分析了政府补贴在不同竞争情景下的影响，并给出翻修比例和均衡回收价格[66]；高举红等针对闭环供应链，构建斯塔克尔伯格博弈模型，研究了基于补贴和碳税奖惩机制、碳税、补贴三种分散决策下的定价策略[67]；朱庆华和窦一杰考虑了政府补贴、产品竞争、产品绿色度和消费者环境偏好等因素，建立了政府与两个竞争性生产商之间的三阶段博弈模型，探究了消费者环境保护意识水平和政府补贴下限变化带来的影响[68]；张（Zhang）等通过分析企业与消费者之间的博弈关系，探究了再制造和相关以旧换新计划对企业收益、环境保护效益和社会效益的影响，研究发现补贴和税收可以使最优社会效用得以实现[69]；阿弗拉克（Aflaki）和马扎希尔（Mazahir）分析比较了在回收目标策略、税收优惠政策和混合策略下的产品回收再制造的绩效及最优定价情况，研究发现混合策略在经济和环境指标上的表现更为优越[70]；孙浩等对制造商、零售商和需求市场组成的三级闭环供应链网络，基于制造商回收模式，在环保法规约束下探讨了政府补贴对多期动态网络均衡、回收效率以及成员利润分配的影响[71]；谭志加等为研究收费公路“建设—经营—转让”（BOT）项目通行费费率、政府补贴政策及合同容量的联合决策问题，构建了双目标规划模型[72]；郭军华等在消费者对再制造产品及新产品的支付意愿存在差异的条件下，比较分析了由制造商、零售商及第三方回收商负责回收模式下制造商利润、回收率及零售价三个决策因素，为制造商回收模式的选择提供参考[73]。

碳交易的政府与企业间博弈问题也逐渐受到学者们关注。例如，马秋卓等利用变分不等式构建了一个超网络模型，该模型由碳交易和供应链子网组成，并探讨了供应商作为碳买家而制造商作为碳卖家时的产品定价与产量决策[74]；马秋卓等还研究了在考虑政府低碳补贴额度和消费者低碳偏好度情况下，企业的最优减排策略和低碳产品定价等问题[75]；扎克里（Zakeri）等探究了在碳税和碳交易两种碳监管政策下的供应链绩效，真实数据分析证明两种碳政策对供应链成本和碳减排均有影响[76]；何（He）等基于碳税规则，针对是否有转移支付和第三方减排服务参与构建了四个模型，并分析比较其碳减排效率和收益间的变化[77]；唐（Tang）等构建了一个多主体模型考察不同 CET 设计对碳减排和经济效益的影响，探求最适合中国国情的策略[78]；常（Chang）等研究了一个垄断生产商在碳配额和碳交易限制下，制造与再制造两阶段中的最优计划生产量，分别讨论了独立需求市场和可替换需求市场下的利益最大化模型，研究表明碳交易对公司制造与再制造生产决策有显著影响[79]。

以往的文献大多是将政府补贴作为激励因素研究其对生产厂商回收、再制造等闭环供应链管理决策的影响，虽然已有文献将碳交易因素考虑到供应链决策模型中，但对于同样具有减排特征的低碳项目——共享自行车系统，其碳交易对政府补贴影响方面的研究却十分匮乏，理论研究水平明显滞后于实践需求。鉴于此，本书系统考虑了政府资金补贴、碳配额补贴、自愿碳交易、出行者环境意识水平和碳价格等因素，分别构建了四个政府与共享自行车系统运营商的委托—代理博弈模型，并运用斯塔克尔伯格博弈求得均衡解。算例分析探究了参数变化对各模式的影响，证明合理运用碳交易的政府补贴将能够有效促进共享自行车系统实现环境效益到经济效益的转变，推动交通行业节能低碳化进程。研究结论可为政府对共享自行车系统的补贴额度和方式提供参考依据。

3.2 基本假设与符号变量

3.2.1 问题描述

共享自行车系统良好的运营和服务质量的提升，有赖于充足的外部资金支持和自身具备的盈利能力。目前，我国已有共享自行车系统进行了以碳交易弥补财政赤字的尝试。例如，杭州共享自行车公司于2013年在北京环境交易所实现了自愿碳排放交易，该公司9处共享自行车服务点一年减少的615.55吨二氧化碳排放量，以35元每吨的价格卖给杭州中得保健食品有限公司（共2.1万元），实现了共享自行车领域的首笔碳交易。除了直接资金补贴和间接土地使用权、特许经营权等资源补贴外，深圳市政府正在努力探索搭建交通领域的碳交易平台，预计2015年通过补贴碳配额的方式，使共享自行车运营商利用未使用的碳配额进行碳交易获取收益，补贴运营成本。

为此，本章针对我国正在探索的碳排放权交易试点工作要求，基于自愿碳交易和碳配额两种碳交易方式，建立在不同碳交易方式下政府补贴和运营商运营努力程度的博弈模型。

3.2.2 基本假设

在不改变问题本质的条件下，对一些复杂的条件加以简化，对模型做如下假设。

假设1：政府的收益为社会总福利，设为出行者剩余与企业收益之和，再减去政府对企业的补贴。

假设2：本书只研究政府委托一家运营商负责一个共享自行车系统的运输和管理工作。

假设3：共享自行车运营商的收益来源只有票价、碳交易收入和政府补贴，暂时不考虑其他收入。

假设4：企业进行自愿碳交易会产生一定的成本 C，其中包括委托专业公司进行碳减排量测算费用和碳市场交易费用。而企业如果获得政府补贴的碳配额，则无须额外支出费用。

假设5：对于自愿碳交易而言，受到碳市场交易供需关系的影响，成交比例 R 一般小于1；对于碳配额交易，由于是政府提供的碳配额，每一个碳配额都对应有相应的碳配额购买需求，因此成交率为100%，但政府需要因此承担一部分的交易管理费用。

假设6：当共享自行车运营商的利润率达到公共交通平均利润率 γ 时便会接受政府委托，负责系统运营。利润率会随着总体使用率的增加而增加。

假设7：出行需求函数为 $Q = a - bp + ke$，a、b 为常量且均大于零，其中 a 表示交通出行容量，b 表示出行需求对票价的敏感程度，k 为随机变量，表示出行者的环保意识水平。

假设8：共享自行车系统运营商提高努力水平的单位成本为 βe^2，e 表示运营商的努力水平，即为了使更多的出行者选择共享自行车作为出行交通工具，运营商做出的环保、服务质量、设施优化等方面的努力。β 为与运营商努力水平相关的成本参数。βe^2 是二次函数，表示运营商提高努力水平的成本是递增的。

3.2.3 模型参数

为方便起见，表3.1中展示了本章所有使用变量和参数的符号和含义。

表3.1　　参数表

参数	定义
p	使用共享自行车的单位费用（$p \geqslant 0$）
c	运营商为共享自行车被使用所需要付出的单位成本（$c \geqslant 0$）
S	政府对共享自行车系统运营商的单位补贴额（$S \geqslant 0$）
s_0	使用共享自行车出行的单位出行者剩余

续表

参数	定义
μ	公共财政资金的边际成本（$\mu \geqslant 0$），表示公共部门使用一个单位的公共财政资金来补偿共享自行车运营商将会导致μ个单位的社会成本
e_c	使用共享自行车的单位碳减排量
e_m	出行者每使用一次共享自行车的单位碳排放量（$e_m \geqslant 0$）
$\bar{e}$	出行者选择私家车出行的单位碳排放量（$e_m > e_c$）
R	自愿碳交易市场的成交率（$R \leqslant 1$）
cap	政府分配给共享自行车运营商的单位碳排放配额
φ	政府分配一个单位碳配额所付出的管理成本（$\varphi > 0$），如建立碳交易市场，监督高碳排放企业上缴碳税等
γ	公共交通行业的平均利润率
p_c	每吨二氧化碳排放的碳交易成交价格（$p_c \geqslant 0$）
k	表示出行者的环保意识水平（$k > 0$）
Q_1，Q_2，Q_3，Q_4	分别为模式一至模式四的出行者数量
e_1，e_2，e_3，e_4	分别为模式一至模式四的共享自行车系统运营商努力程度（$e > 0$）
π_1，π_2，π_3，π_4	分别为模式一至模式四的共享自行车系统运营商收益函数（$\pi \geqslant \bar{\pi}$）
U_1，U_2，U_3，U_4	分别为模式一至模式四的社会总体福利效用函数

3.3 模型建立与求解

3.3.1 策略一：单一资金补贴策略

在无碳交易情形下，共享自行车运营商的收入只有票价收入和政府补贴，其决策目标为利润最大化，政府的决策目标则是以最小的代价使企业接受委托，从而使社会效用最大化。该运营模式下政府与企业间的信息对称，企业任何努力水平都可通过满足参与约束的强制合同实现，政府的问题是确定适当的补贴 S。政府效用 U 和共享自行车运营商收益 π 对于政府这一委托人和运营商这一代理人而言是相互透明的。而在自身利益最大化的假设条件下，委托人和代理人之间关系需要满足以下表达式：

$$\max\ U_1 = (p - c + s_0 + S_1)Q_1 - \frac{1}{2}\beta e_1^2 - \mu S_1 Q_1$$

$$\max\ \pi_1 = (p - c + S_1)Q_1 - \frac{1}{2}\beta e_1^2$$

$$\text{s. t.}\quad \pi_1 = (p - c + S_1)Q_1 - \frac{1}{2}\beta e_1^2 \geqslant \gamma\left(cQ_1 + \frac{1}{2}\beta e_1^2\right) \tag{3.1}$$

为了达到鼓励运营商提高努力程度增加使用数量的目的，政府补贴的总额将与使用量呈单调递增的线性关系。假设在委托人和代理人最大化各自期望收益的过程中，政府作为斯塔克尔伯格博弈的主导者，在博弈第一阶段选择单位补贴 S，共享自行车运营商在观察到政府决策后决定最优的努力水平 e，采用逆向归纳法求解如下：

令$\dfrac{\partial \pi_1}{\partial e_1}=0$，得：

$$e_1^* = \frac{k(p - c + S_1)}{\beta} \tag{3.2}$$

将 e_1^* 代入式（3.1）中的约束式得：

$$S_1^* \geqslant \frac{2\beta G - 2k^2(\gamma p - p + c) - 2\sqrt{\gamma^2 k^4 c^2 + \beta^2 G^2 - 2\gamma^2 k^2 c\beta G}}{2k^2 H} \tag{3.3}$$

其中，$G = a - bp$，$H = \gamma - 1$。显然，S 大于在 U 最大化情况下取得的 S 值，且 S 值越小，U 值越大，所以 S 值取 S_1^*。将 e_1^* 和 S_1^* 代入 U、π 可得均衡条件下的最优解。

3.3.2 策略二：自愿碳交易结合资金补贴策略

在共享自行车运营商开展自愿碳交易情形下，共享自行车运营商的收入除了票价收入和政府补贴，还有将共享自行车使用所产生的碳减排量作为商品进行碳交易获得收益，其决策目标仍为利润最大化，政府的决策目标考虑到进行碳交易后企业收支状况的改变，补贴额度会进行相应调整，以确保最小代价使企业接受委托，实现社会效用最大化。同上，对于以收益最大化为目标的政府和共享自行车运营商而言，要满足以下的关系式：

$$\begin{aligned}
&\max\ U_2=(p-c+s_0+S_2)Q_2+p_c e_c RQ_2-C-\frac{1}{2}\beta e_2^2-\mu S_2 Q_2\\
&\max\ \pi_2=(p-c+S_2)Q_2+p_c e_c RQ_2-C-\frac{1}{2}\beta e_2^2\\
&\text{s. t.}\quad \pi_2=(p-c+S_2)Q_2+p_c e_c RQ_2-C-\frac{1}{2}\beta e_2^2\geqslant\gamma\left(cQ_2+\frac{1}{2}\beta e_2^2+C\right)
\end{aligned}\tag{3.4}$$

同上对该斯塔克尔伯格博弈模型采用逆向归纳法求解如下：

令$\frac{\partial\pi_2}{\partial e_2}=0$，得：

$$e_2^*=\frac{k(p-c+S_2+p_c e_c R)}{\beta}\tag{3.5}$$

将 e_2^* 代入式（3.4）中的约束式得：

$$S_2^*\geqslant\frac{-2k^2(p+p_c e_c R)H-2k^2c-2\sqrt{\gamma^2k^4c^2+\beta^2G^2-2\gamma^2k^2c\beta G}}{2k^2H}\tag{3.6}$$

显然，S_2^* 大于在 U 最大化情况下取得的 S 值，且 S 值越小，U 值越大，所以 S 值取 S_2^*。将 e_2^* 和 S_2^* 代入 U、π 可得均衡条件下的最优解。

3.3.3 策略三：单一政府碳配额补贴策略

受到市场认可度和公民环保意识水平的制约，自愿碳交易的成交额可能不尽如人意，此时如果利用政府强制手段，对共享自行车系统进行碳配额管理，将有利于发挥碳交易的优势和最小化政府资金成本。共享自行车运营商碳配额补贴模式下，收入主要来自票价收入和交易剩余政府补贴碳配额所得，其决策目标依旧是利润最大化。政府的决策目标依然是以最小配额使企业接受委托，实现社会效用最大化。同上，对于以收益最大化为目标的政府和共享自行车运营商而言，要满足以下的关系式：

$$
\begin{aligned}
&\max\ U_3=(p-c+s_0)Q_3+p_c(cap-e_m)Q_3-\frac{1}{2}\beta e_2^2-\varphi capQ_3\\
&\max\ \pi_3=(p-c)Q_3+p_c(cap-e_m)Q_3-\frac{1}{2}\beta e_3^2\\
&\text{s. t.}\quad \pi_3=(p-c)Q_3+p_c(cap-e_m)Q_3-\frac{1}{2}\beta e_3^2\geqslant\gamma\left(cQ_3+\frac{1}{2}\beta e_3^2\right)
\end{aligned}
\tag{3.7}
$$

同上对该斯塔克尔伯格博弈模型采用逆向归纳法求解如下：

令$\frac{\partial\pi_3}{\partial e_3}=0$，得：

$$
e_3^*=\frac{k(p-c+p_c cap-p_c e_m)}{\beta}\tag{3.8}
$$

将 e_3^* 代入式（3.7）中的约束式得：

$$
cap_3^*\geqslant\frac{2k^2[-pH+p_c e_m(2\gamma+1)-c]+2\beta G-2\sqrt{2\gamma k^2\beta G(2p_c e_m-\gamma c)+\beta^2G^2+k^4(2p_c e_m-\gamma c)^2}}{2p_c k^2 H}\tag{3.9}
$$

显然，cap_3^* 大于在 U 最大化情况下取得的 cap 值，且 cap 值越小，U 值越大，所以单位碳配额值取 cap_3^*。将 cap_3^* 和 e_3^* 代入 U、π 可得均衡条件下的最优解。

3.3.4 策略四：复合补贴策略

基于对以上三种实践中现存模式的观察与分析，本章提出将自愿碳交易与政府碳配额补贴相结合的共享自行车收益补贴模式，拟在发挥策略二和策略三优势的同时，规避两者的不足。在策略四下，共享自行车运营商的收入主要来自票价收入、交易剩余政府补贴碳配额所得和减排量自愿碳交易所得，其决策目标依旧是利润最大化。政府的决策目标依然是以最小配额使企业接受委托，实现社会效用最大化。因此，该策略要满足以下的关系式：

$$\max\ U_4=(p-c+s_0)Q_4+p_c(\bar{e}-e_m)RQ_4+p_c(cap-e_m)Q_4-C-\frac{1}{2}\beta e_4^2-\varphi capQ_4$$

$$\max\ \pi_4=(p-c)Q_4+p_c(\bar{e}-e_m)RQ_4+p_c(cap-e_m)Q_4-C-\frac{1}{2}\beta e_4^2$$

$$\text{s.t.}\quad \pi_4=(p-c)Q_4+p_c(\bar{e}-e_m)RQ_4+p_c(cap-e_m)Q_4-C-\frac{1}{2}\beta e_4^2\geqslant\gamma\left(cQ_4+C+\frac{1}{2}\beta e_4^2\right) \tag{3.10}$$

同上对该斯塔克尔伯格博弈模型采用逆向归纳法求解如下：

令$\frac{\partial\pi_4}{\partial e_4}=0$，得：

$$e_4^*=\frac{k(p-c+p_c cap+p_c\bar{e}R)}{\beta} \tag{3.11}$$

将 e_4^* 代入式（3.10）中的约束式得：

$$cap_4^*\geqslant\frac{2\beta G-2k^2(p_cH\bar{e}R+Hp+c)-2\sqrt{2k^2\beta C(1-\gamma^2)+\beta^2G^2+\gamma^2k^4c^2-2cG\gamma^2k^2}}{2p_ck^2H} \tag{3.12}$$

显然，cap_4^* 大于在 U 最大化情况下取得的 cap 值，所以单位碳配额值取 cap_4^*。将 cap_4^* 和 e_4^*。代入 U、π 可得均衡条件下的最优解。

3.4 算例分析

针对已建立的模型进行算例分析，本节以共享自行车系统为数值分析原型，分析比较在不同的出行者环保意识水平 k 和碳交易价格 p_c 情况下，各策略下共享自行车运营商收益 π、社会总体效用 U 和共享自行车总使用量 Q 的变化趋势。根据《瑞安市共享自行车系统一期工程建设及运营情况通报》可得 $p=0.03$ 元，$c=0.4$ 元。根据国家税务总局企业所得税税源报表统计数据测算，我国的公共交通行业的平均利润率为 1.76%，普遍偏低，为使共享自行车运营商有意愿承担运营服务，故设定 $\gamma=0.05$。参考杭州共享自行车公司网络公布的碳交易数据，可计算得 $e_c=0.0004$ 吨，$e_m=0$ 吨，$\bar{e}=e_c+e_m=0.0004$ 吨，假定共享自行车没有碳排放。参考已有文献［80］设定 $a=1000$，$b=$

10，$\beta=5$，$k=10$，$p_c=35$，$R=0.5$，$s_0=2$，根据德·帕尔马（De Palma）等[81]对交通项目公共财政资金投入的边际成本应取 1.2～1.5 之间的建议，本书取 $\mu=1.3$，基于经验分析设定 $\varphi=5$。

考虑到所列式子的复杂性，采用 Matlab 软件作为计算工具对各个公式进行求解，以期通过对比分析得到有益结论，为政府相关部门及共享自行车运营商管理决策提供参考。

3.4.1 出行者环境偏好支付系数变化的影响分析

算例分析结果显示，通过观察政府与运营商收益、出行量和政府总投入随出行者环境偏好支付系数变化的变化趋势，可得：策略三虽然在社会福利（见图 3.1（a））和政府补贴成本（见图 3.1（b））方面表现明显优于策略一和策略二，但是随着出行者环保意识水平的提高，其共享自行车运营商收益（见图 3.1（c））和使用共享自行车出行者数量（见图 3.1（d））的增速较缓慢，与策略一一致，数值明显低于策略二，说明碳配额补贴的引入仅是提高了政府的投资回报率，对于提升共享自行车运营商的合作积极性作用较小。

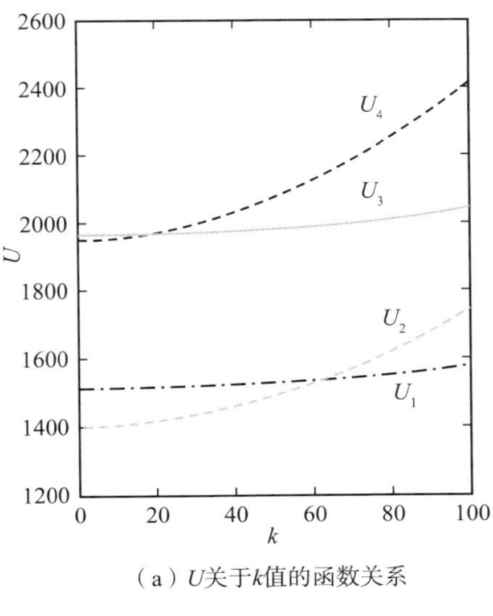

（a）U关于k值的函数关系

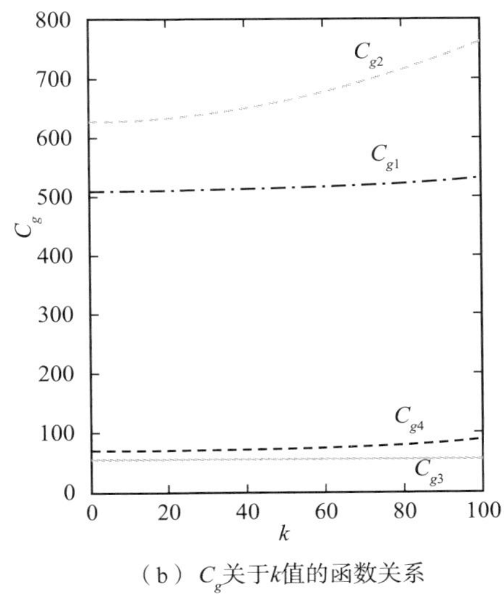

（b）C_g关于k值的函数关系

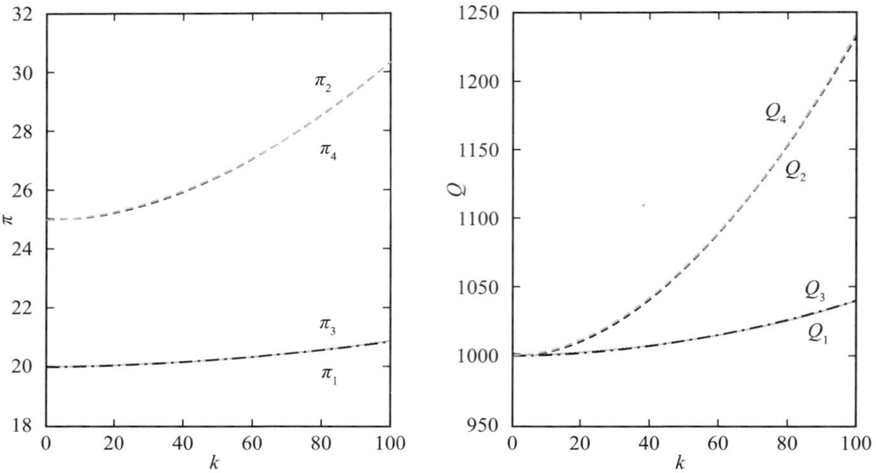

（c）π关于k值的函数关系　　（d）Q关于k值的函数关系

图 3.1　四种策略 U、C_g、π、Q 关于 k 值的函数关系

注：$k=[0,\ 100]$，$P_c=35$。

而策略二使共享自行车运营商的收益水平和使用量随出行者环保意识水平的增长而快速提升，这对共享自行车运营商具有较大吸引力，同时能够最大限度地提升使用量，增加共享自行车对城市出行的分担率，改善交通环境。策略二的社会总效益在 k 值较小时，甚至低于不进行任何碳交易的策略一，随着出行者环保意识的提高，社会效益会反超策略一，但仍远不及策略三，且策略二的政府补贴成本比策略一还要大，更是远大于策略三，会对政府财政支出带来过大压力。可见目前试运行的两种结合碳交易的策略二和策略三各有优劣势。

通过对现行引入碳交易的补贴策略二和策略三进行对比分析，结合两者优点，本章探索性地提出了策略四。由图 3.1 可见，策略四具有明显优势。从社会总福利值表现上，策略四的社会总效益仅在 k 值极低的时候略低于策略三，而随着 k 值的增大，其 U 值有明显增大的趋势；政府成本 C_g 也仅比策略三略高，π 值和 Q 值均与数值偏高的策略二相同。由此可见，策略四既实现了社会总体福利效益的提升，又具有激励运营商提升努力程度和出行者使用量的优势，数值分析证明策略四比其他三种策略更为理想。

3.4.2 碳交易价格变化的影响分析

对四种策略分别进行在 p_c 连续变化下的数值分析，分析结果如图 3.2 所示。策略一由于没有碳交易，故 p_c 值对其社会总效益无影响。策略二受碳价格的影响最大，U 值是 p_c 的单调递增函数（见图 3.2（a）），C_g 是 p_c 的单调递减函数（见图 3.2（b））。策略三和策略四的 U 和 C_g 随 p_c 值的变化趋势趋同，均为 p_c 值增长初期变化显著，随后缓慢增加或减少。由于补贴会随着碳价的变化而波动，故各策略运营商收益和出行者使用量均不受碳价的影响，故未在图 3.2 中显示。根据目前的碳市场价格行情，$p_c \in (10, 50)$，可见策略三和策略四在占有绝对优势。

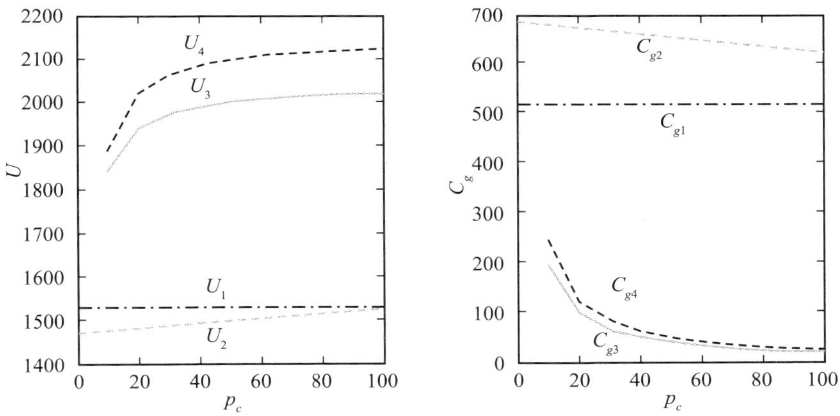

（a）U关于p_c的函数关系　　（b）C_g关于p_c的函数关系

图 3.2　四个策略 U、C_g 关于 p_c 的函数关系

注：$p_c = [0, 100]$，$k = 50$。

3.5 政策建议

目前，我国尚未建立完善的共享自行车系统补贴体系，交通碳交易市场的监管和运作也存在诸多问题。共享自行车行业资金与环境效益开发匮乏的双重矛盾，严重制约各国共享自行车的运营与发展，而政府从碳交易着手，引导激励运营商将环境效益转化为经济效益，提高自身造血功能，将有可能是解决以上矛盾的关键。本章重点讨论了无碳交易、自愿碳交易、碳配额补贴和自愿碳交易结合碳配额补贴四种情形下利益相关主体的管理决策模型，比较了四种策略下社会总效益、运营商收益和出行者使用量随出行者环保意识水平和碳价的变化趋势，通过算例分析可见，自愿碳交易结合碳配额补贴的策略是对共享自行车系统各利益相关方最有利的策略。然而，目前尚未在实践中进行过本章所提策略四的尝试，因此，政府及共享自行车运营商有必要考虑利用策略四的补贴策略，再结合自身创收策略，努力实现共享自行车系统运营的转亏为盈。

另外，值得注意的是，自愿碳交易的开展受到碳减排量评估与交易费用大小的影响，如果将减排量转化为收益所需付出成本过高，将会制约共享自行车运营商开展自愿碳交易活动的热情。为此，政府有关部门应该对有意愿开展自愿碳交易的共享自行车系统运营商给予启动资金支持，以激励引导运营商积极投身碳交易，拓宽收入来源。同时，政府碳配额补贴还依赖于交通领域碳交易市场的建立和维护。受到交通行业特殊性制约，为实现碳配额供需平衡，需要对碳排放超额的私家车征收碳税，然而，征收碳税补贴共享自行车系统的监管难度较大，需要政府投入大量资源进行维护，因此，成功实施具有一定挑战性。但随着公众环境保护意识水平的增强，会逐渐从被动监管转化为主动履行义务，政府碳交易市场建立和维护的屏障将随减排理念接受程度的提高而弱化，最终实现全面减少交通领域碳排放量的目标。

总之，结合碳交易的补贴模式将有效提升共享自行车系统运营各方效用，在政府有关部门对碳交易市场的重视与监督，共享自行车运营商的支持与配合以及广大出行者环保意识水平普遍增强的大环境下，共享自行车系统碳交易的顺利实施将指日可待。从而，本章所研究的相关内容将可以为政府和共享自行车运营商收益困难问题提供解决思路。

3.6 本章小结

本章针对基于碳交易的共享自行车系统政府补贴决策，研究了在单纯资金补贴、自愿碳交易结合资金补贴、配额碳交易和复合交易四种策略下，政府的最优补贴额度和社会总体效用，运营商的最优努力程度和运营收益，以及共享自行车系统在考虑碳交易模式下的使用量。并且，分析了使用者环境保护意识水平 k 和碳交易价格 p_c 的变化对社会总体效用、政府补贴成本、共享自行车系统的收益和共享自行车使用量的影响。通过对比分析四种策略下的最优决策结果，得到以下结论：

（1）单一的自愿碳交易或碳配额补贴策略均难以达到预期效果，自愿碳交易虽然能较大程度的激励运营商提升服务质量，但受到碳交易市场波动和碳减排评估成本的影响较大，收益的风险系数较高，同时，为确保运营商收支平衡，政府投入的补贴较大，消耗的社会成本甚至比单纯资金补贴还要高；碳配额补贴的方式虽然简单易行，政府投入小，但其对运营商提升出行者使用数量的激励效果仅与资金补贴方式相同，难以实现提高共享自行车系统分担率的目标。

（2）自愿碳交易和碳配额补贴相结合的复合政策，可以确保提高共享自行车系统分担率和降低碳排放量目标的实现，同时通过降低政府补贴总额，还可以分担政府在支持共享自行车系统项目上的财政压力，是最优的选择。

共享自行车系统政府补贴政策的制定是个系统工程，需要考虑多方面影响，包括利益相关方之间博弈关系、政策实施时机选择、实施可行性和政策制定与执行成本等。本章仅考虑存在不同碳交易补贴情况下的策略选择，还需要在以下方面进一步完善和改进：一是要考虑地域差异影响，不同城市在人口数量、出行需求量上差异巨大，补贴策略需要兼顾各城市交通状况特点；二是要考虑碳交易市场的变化，补贴政策的选择还需要根据碳交易市场行情和碳交易市场认可度的不同进行相应调整，并非任何状态下都是复合策略最优，要机动灵活的根据实际情况进行选择。

随着国家在政策上的重视和全民环保意识水平的不断提高，各地将逐步形成完善而活跃的碳交易市场，通过对政府补贴策略的优化设计，将加快实现共享自行车系统环境效益内部化，提高系统收益的目标，从而最终实现共享自行车系统的可持续运营。

| 第4章 |

共享自行车系统双向调度收益模型研究

4.1 引　　言

共享自行车系统起源于北欧，这种绿色、经济、灵活和可持续移动的交通模式已经引起了全世界的关注[82]。至2015年底，有超过1000个城市推行了共享自行车项目[83]，该项目使人们可以抛开传统出行方式的桎梏（如使用时间限制和交通拥堵带来的不便），通过使用自行车更加灵活便捷的出行[84]。人们可以骑共享自行车上下班或者去任何他们想去的地方。随着共享自行车的发展，许多运营方面的问题开始凸显[85]。张（Zhang）等指出共享自行车系统属于产品服务系统，其运营难度最大的任务之一就是维持所提供服务与物理设计之间的平衡[69]。戴尔（Dell）等指出共享自行车系统运营商面临的主要问题就是如何在高峰期快速的重新配置自行车[86]。李（Li）等[87]和哈森（Hazen）等[88]认为如果运营商不能够避免系统运行不平衡的产生（即有些车站无桩可停车，同时又有车站无车可骑），用户的满意度将急速降低，甚至可能放弃使用这种新型的交通工具[87,88]。因此，学者们正在密切关注提高用户需求满意度的方法。大多数之前的研究主要聚焦在两个方面：自行车站点的布局优化模型和自行车重调度的优化设计。为了优化自行车站点的布局以满足潜在出行需求，加西亚 – 帕洛马雷斯（García – Palomares）等提出了基于 GIS 技术的站点布局分配模型[89]。他们通过比较两种布局分配模型，指出了最大覆盖的解决方案在绩效方面的表现更优，因为其能使站点覆盖的潜在需求最大化。马丁内斯（Martinez）等运用混合整数线性规划方法去优化站点的布局，并对里斯本（Lisbon）的共享自行车系统进行了重新布局[90]。他们为运营共享自行车这一复杂的系统提供了一个更优的解决途径。福玛（Forma）等为应对静态的自行车再调度问题，提出了基于三步数学规划的启发式算法[91]。这种方法以巴黎的共享自行车系统（Vélib）为例进行了测试，结果显示该方法适用于应对有重调度问题的大型真实案例。加斯佩罗（Gaspero）等为应对共享自行车系统再调度问题，在大型邻域搜索方法中并入了两个约束编程模型[92]，并证明该方法相较于现实生活中显存的方法更具有竞争力。阿尔瓦雷斯 – 瓦尔德斯（Alvarez – Valdes）等设计了一个程序求解共享自行车系统的重调度问题[31]。这个程序通过估算每个站点未被满足的自行车和锁桩需求，提供了基于再调度算法的运营策略。该程序已作为一个计划工具在巴黎的帕尔马 · 德 · 马略卡（Palma de Mallorca）共享自行车系统[93]中，验证了其实用性。沃格尔（Vogel）等提出运用一个服务网络设计—重调度服务（SND – RS）方法解决共享自行车系统调度平衡问题[94]。然而，SND – RS 忽略了关于调度卡车空车行驶方面的信息，以便更好地预测操作决策。基于此，诺依曼—萨维德拉（Neumann – Saavedra）等[95]引入了服务行程（ST）的概念，以将 SND – RS 拓展成为一个新的服务网络设计方法，称为服务网络设计—服务行程（SND – ST）。其中，ST 在某种形式上说是调度车队的一种抽象，意味着当在运营计划层面实施时，每辆有运载能力的调度车将分配得到各自的 ST。由此可见，现存研究中重点聚焦于优化自行车的重新调度，即基于预测用户出行需求数据，通过雇用在各站点之间进行搬运的调度卡车，实现自行车的重新配置。

然而，尽管重配置的绩效能够通过优化调度路线被提高，但卡车调度不可避免的会产生成本和碳排放，同时调度的效率还受到交通道路拥堵的影响，尤其是在上下班高峰期。因此，以上提到的依靠卡车进行重调度优化的方法具有一定局限性。为突破这一局限，是否有一种方法能够将运营商被动响应用户出行需求转换为主动引导？换言之，运营是否有可能通过激励，使得用户能够通过自身力量去解决系统重新调度的问题？辛格德拉（Singla）等[96]尝试去应用一个加入资金奖励的众包机制，以实现根据自行车调度需求改变自行车用户出行行为的目的。他们为自行车重调度设计了首个动态激励系统，并且通过一个手机应用软件将其应用到一个实际的共享自行车系统中。此外，这种“潮汐”政策也普遍被运营商应用于不同的公共交通工具平衡交通压力中，尤其是在一些交通较为拥堵的城市，如新加坡、伦敦和北京等[97]。研究者们已指出价格差异化对于许多传统交通系统而言，是一种有效的调节手段，并且其调节效果正越来越凸显[98,99]。因此，关于公共交通动态定价的研究课题吸引了越来越多学者的目光[100]。斯塔文斯（Stavins）[101]发现价格歧视的绩效受到车票使用限制的影响，当航空市场竞争更加激烈时，价格歧视的实施效果将会更优。吴（Woo）等[102]应用广义莱昂蒂夫（Leontief）需求系统来考察香港“隧道拥堵”收费调整政策的效果，并证实收费的改变可以引起运输需求的改变。达干祖（Daganzo）和莱厄（Lehe）[103]为基于时间的拥堵收费，提出了一个准最优公式。他们发现所提方法相较之基于行程的收费（指根据出行距离确定收费）能为用户带来更大的利益。万（Wan）等[104]关注优化机票定价，他们提出了一个与终端和跑道拥堵相结合的模型，并发现当商务旅客有更高的相关时间延迟成本时，商务旅客将被收取比休闲旅客更高的费用。谭志佳（Tan）等[105]探讨了动态拥堵定价方案以使一个收费的交通网络的成本和耗时最小化。这个方案考虑出行者的路线调整行为和他们时间价值的异质性。他们通过使用隐式龙格—库塔（Runge - Kutta）方法，提出了一个收费更新方案。赞吉（Zangui）等[106]研究了一个路径收费，这将大大减少驾车人士的收费负担，且比链接收费更灵活。从以上的文献中我们发现，无论是什么类型的交通工具，运营方想要利用价格刺激机制去减缓高峰期交通压力，并确保其利益不受影响，先决条件都是其用户群要具有价格敏感度和时间价值感知水平的异质性。因此，通过运用价格歧视的手段，引导不同类型的用户选择不同的出行方式，将使得实现有效的交通分流成为可能。

正如我们所知，共享自行车系统的用户根据异质性能够被分成两种类型，一类是通勤出行者，一类是休闲出行者。从而，共享自行车系统也具有应用价格刺激机制去降低自行车重调度压力的潜力，并且相关探索已经展开。卢瞿（Ruch）等证明通过采用具有由真实历史数据组成的参数的基于代理（Agent - Based）模型，可以利用动态定价控制用户的出行行为[107]。他们证明，简单的比例价格控制规则可以提高服务水平，而不依赖自行车再分配工作人员来平衡“单向”现象。艾施巴赫（Aeschbach）等证实一个共享自行车系统可以通过与用户合作实现调度平衡[108]。换言之，即自行车的调度平衡能够通过手机应用软件将“控制信号”发送给自行车用户，并使其改变预定出行计划这种方式实现。该研究的数值模拟结论指出，当合作用户比例增长时，系统的服务水平将得到提升。由此可见，通过价格调整鼓励用户改变出行行为是一个应对拥堵的有效手段[109]。由于移动互联网的迅速发展，使实时传送控制信息和收取动态费用成为可能。另外，共享自行车系统作为公共项目通常得到政府的支持，很多系统的主要经济来源就是政府补贴[110]。因此，政府补贴对共享自行车系统运营商决策的影响也应当考虑。

受到以上研究的启发，本章提出双向激励模型（bidirectional incentive model）。所谓双向激励是指：一方面，如果用户从缺车的站点取车或将车还到缺锁桩的站点时，将被收取额外的费用；另一方面，如果用户与运营商合作，协助调度自行车，将被奖励。在本章中，将运用斯塔克尔伯格博弈理论，探讨三种政府推动运营商实施双向激励机制的策略，并探讨不同策略优缺点和适用条件。

4.2 基本假设与符号变量

4.2.1 问题描述

我们发现一个有趣的现象，即许多超市运营商成功的利用购物车投币锁，迫使消费者自觉将购物车还至指定地点。当消费者想要使用一台购物车，则需要投入一枚硬币到投币锁中方能使用。当他们将购物车归还到指定地点时，这枚硬币则可以归还给他们。如果某消费者将购物车随意停靠在非还车的地点（拥有较高的时间价值），没能将硬币取出（拥有较低的价格敏感度），肯定有消费者（拥有较高的价格敏感度和时间价值）会将这些车送回停车点，以获取车上的硬币。与之相类似，共享自行车系统的管理者也希望用户能够将车还至指定地点，并且该系统用户也具有不同的价格敏感度和时间价值，如通勤出行者和休闲出行者。因此，受到以上现象的启发，本章提出了双向激励模型来引导用户改变出行行为。所谓双向激励不同于过去的单方向激励（例如，向高峰出行的旅客收取拥堵费），其不仅向高峰出行的用户收取费用，同时给逆峰出行的用户提供奖励，所以被称为“双向”。本章中，我们将研究一个两阶段的共享自行车运作系统，系统中有一个运营商和一个政府。通过实施双向激励机制，政府、运营商和用户之间的交互过程如下：首先，运营商必须确定奖励和收费的额度，并且政府要确定补贴的额度；其次，用户根据利益最大化决定他们的出行行为；最后，运营商和政府根据用户的不同行为选择兑现激励承诺。我们在本章中提出了三个政府补贴推动实施双向激励机制的策略，并对这些策略的适用条件和优缺点进行比较分析。

图 4.1 阐述了本章模型中各利益相关者的交互关系和策略思路。

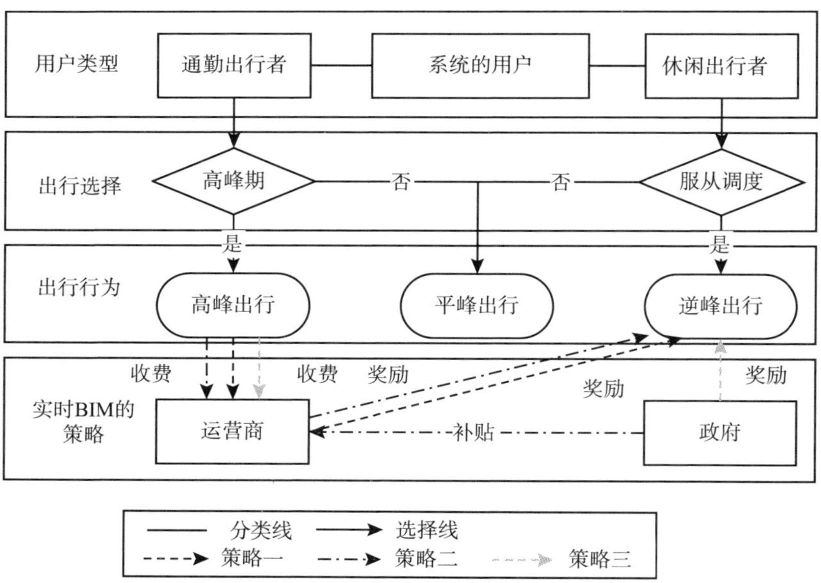

图 4.1　实施双向激励模型的共享自行车系统运行框架

出于明确定义的目的，我们定义 PT（peak travel）来代表高峰出行，即从缺少可用车辆的车站取车，并将车还到缺少锁桩的车站的出行行为。通勤出行者往往是这种出行方式。IPT（inverse peak travel）代表逆峰出行，即协助共享自行车系统重调度的出行行为。休闲出行者被鼓励采取这种出行方式。FPT（flat peak travel）代表平峰出行，这种出行涵盖两种行为，其一是在非高峰期出行，其二是在高峰期出行，但是出发站点或到达站点至少有一个站点不是热门（缺车或者缺锁桩）站点。

基于以上定义，对图 4.1 的具体描述如下：

（1）用户的类型。根据出行目的，可以将共享自行车系统的用户分为两种类型：通勤出行者和休闲出行者。在实施双向激励机制之前，通勤出行者总是采取 PT 行为，休闲出行者总是采取 FPT 行为。通勤出行者的出行目的是上下班，而休闲出行者的出行目的则非常多样，例如锻炼、旅游观光和日常采购等。

（2）出行的选择。在实施双向激励机制后，如果通勤出行者选择在高峰期出行，则他们的行为属于 PT，如在平峰出行则属于 FPT。对于休闲出行者，如果他们选择协助重调度，则他们的出行行为属于 IPT，否则属于 FPT。

（3）出行的行为。用户的出行行为被分为三类：IPT、PT 和 FPT。主要基于三种行为的转化比例来量化评价实施双向激励机制的绩效。

（4）实施双向激励机制的策略。基于不同的实施策略可以分为三种策略：策略一，运营商在没有政府补贴的情况下实施双向激励机制；策略二，运营商在获得政府补贴的情况下实施双向激励机制；策略三，政府直接对选择 IPT 行为的用户进行补贴。需要注意的是，在这三种策略中，运营商和政府对于采取 FPT 行为的用户均既不奖励也不额外收费。

4.2.2 基本假设

我们对复杂的现实问题进行简化，但简化不会改变问题的本质。以下是对模型做出的基本假设：

假设 1：在本章中，我们针对的是一个地区的一个共享自行车系统，从而只有一个运营商和一个地区政府。

假设 2：所提出的模型侧重于探讨共享自行车系统在高峰期的再平衡问

题，因此仅讨论在实施双向激励机制之后，各利益相关者的利润产生的新变化，暂不考虑其他基本运营费用和其他业务的收入。

假设3：采取PT出行行为的用户数量必须大于IPT，否则，则说明对采取IPT出行行为的用户激励力度过大，导致供应过剩。

假设4：假设通勤出行者不会采取IPT的行为，但他们可以选择FPT的行为，以避免被收费，而休闲出行者不会采取PT的行为，但是他们可以选择IPT的行为以获得奖励。

假设5：政府的补贴总是足以满足利润最大化的要求。

假设6：共享自行车系统是一个公共交通项目，因此政府有督促该系统的运营商提供优质服务，并向用户收取较低费用的责任。由于只有在政府的有效支持和监督下，共享自行车系统才能更好地持续发展，因此，在本章中，我们假设政府在共享自行车系统中处于领导地位，运营商是一个追随者，运营商将根据政府决策调整其运营策略。

4.2.3 模型参数

为方便起见，表4.1中展示了本章所有使用变量和参数的符号和含义。

表4.1　参数表

参数	定义
p	表示对采取PT出行行为的用户收取的单位费用价格，$p \geqslant 0$
B	表示对采取IPT出行行为的用户给予的单位补贴额，$B \geqslant 0$
θ_1，θ_2，θ_3	分别表示策略一、二、三中单位补贴额与单位收费价格的比值
c	表示调度一辆自行车产生的单位成本，$c \geqslant 0$
S	表示政府提供给运营商的单位补贴额，$S \geqslant 0$
b_1，b_2	分别表示通勤出行者和休闲出行者的价格敏感度
α	表示休闲出行者与通勤出行者的价格敏感度比值，即$\frac{b_2}{b_1}$
q_1，q_2	分别表示在共享自行车系统中属于通勤出行和休闲出行类型的用户数量
β	表示共享自行车系统中休闲出行类型的用户数量与通勤出行类型的比值，即$\frac{q_2}{q_1}$

续表

参数	定义
μ	表示公共财政资本的边际成本，$1 \leqslant \mu \leqslant 1.5$[111]
Q_g，Q_p，Q_n	分别表示在实施了双向激励机制后，采取 PT、FPT 和 IPT 的出行行为的用户数量，$Q_g \geqslant 0$，$Q_p \geqslant 0$，$Q_n \geqslant 0$
D_g，D_p，D_n	分别表示在实施了双向激励机制后，采取 PT、FPT 和 IPT 的出行行为的用户剩余价值，$D_g \geqslant 0$，$D_p \geqslant 0$，$D_n \geqslant 0$
D_1，D_2，D_3	分别表示在策略一至策略三中用户剩余价值的总和，$D_i = D_g + D_p + D_n$，$i = 1, 2, 3$
π_1，π_2，π_3	分别表示在策略一至策略三中运营商在高峰期实施双向激励机制后的收益
U_1，U_2，U_3	分别表示在策略一至策略三中政府在高峰期实施双向激励机制后的收益

4.3 模型建立与求解

为了探讨在高峰期实施双向激励机制在共享自行车系统中的效果，并找出共享自行车系统利润最大化的最佳条件和策略，本节在三种不同策略下研究共享自行车系统的绩效变化：策略一，运营商独立实施双向激励机制，没有政府补贴；策略二，运营商在有政府补贴的情况下实施双向激励机制；策略三，政府和运营商合作实施双向激励机制，其中，政府负责向采取 IPT 行为的用户给予奖励，运营商负责向采取 PT 行为的用户收取费用。

描述不同出行行为的用户数量和剩余价值的公式将应用到所有策略中。在实施双向激励机制后，采取 PT、IPT 和 FPT 行为的用户数量求解公式如下所示：

$$Q_g = q_1 - b_1 p \tag{4.1}$$

$$Q_n = b_2 B \tag{4.2}$$

$$Q_p = q_2 - b_2 B + b_1 p \tag{4.3}$$

式（4.1）是采取 PT 行为的用户数量计算公式，从公式中可见选择高峰出行的用户数量由于用户对收费的价格敏感而减少。式（4.2）是采取 IPT 行为的用户数量计算公式，从公式中可见选择逆峰出行的用户数量由于用户对补贴额度的敏感而增加。式（4.3）是采取 FPT 行为的用户数量计算公式，从公式中可见选择平峰出行的用户数量由于原有休闲出行用户选择逆峰出行而减少，由于通勤出行者选择避开高峰期平峰出行而增加。

采取 PT、IPT 和 FPT 行为的用户剩余价值计算公式如下所示：

$$D_g = \frac{1}{2}p[2q_1 - b_1 p] \tag{4.4}$$

$$D_n = \frac{1}{2}b_2 B^2 \tag{4.5}$$

$$D_p = \frac{1}{2}B(q_2 - b_2 B) + \frac{1}{2}b_1 p^2 \tag{4.6}$$

根据福利经济学的消费者剩余理论，共享自行车系统的用户剩余价值可以通过低于出行需求曲线，并高于收费/补贴线的面积来测量得出。关于本章中式（4.1）至式（4.6）的更多细节和逻辑，请参见威廉（Willig）的分析[112]。

以下给出了两个约束，以使所提模型与现实情况相符：

$$Q_g - Q_n \geqslant 0 \xrightarrow{\text{Deformation}} \theta \leqslant \frac{q_1 - b_1 p}{\alpha b_1 p} \tag{4.7}$$

$$Q_p \geqslant 0 \xrightarrow{\text{Deformation}} \theta \leqslant \frac{\beta q_1 + b_1 p}{\alpha b_1 p} \tag{4.8}$$

方程（4.7）表示选择 IPT 行为的用户数量必须小于或等于选择 PT 行为的用户数量。方程（4.8）表示选择 FPT 行为的用户数量不能小于零。为了简化分析，我们将这两个约束组合成一个约束。合并约束表示如下：

$$\text{s.t.}\begin{cases}\beta \leqslant 1 - \dfrac{2b_1 p}{q_1}, \text{ s.t. } \theta \leqslant \dfrac{\beta q_1 + b_1 p}{b_1 \alpha p} \\ \beta \geqslant 1 - \dfrac{2b_1 p}{q_1}, \text{ s.t. } \theta \leqslant \dfrac{q_1 - b_1 p}{b_1 \alpha p}\end{cases} \tag{4.9}$$

约束式（4.9）表示：当$\beta \leqslant 1 - \frac{2b_1 p}{q_1}$时，模型的约束被简化为$\theta \leqslant \frac{\beta q_1 + b_1 p}{b_1 \alpha p}$；当$\beta \geqslant 1 - \frac{2b_1 p}{q_1}$时，模型的约束则为$\theta \leqslant \frac{q_1 - b_1 p}{b_1 \alpha p}$。在本章中，假设 b_1、p 和 q_1 是常数，则$1 - \frac{2b_1 p}{q_1}$在式（4.9）中即为常数。

4.3.1 策略一：运营商在无补贴的情况下实施双向激励调度

在这种情况下，运营商可以是自发实施双向激励机制，也可能是政府制定强制性规定来实施。无论以上哪种情况，运营商都没有得到政府补贴。运营商要对采取 PT 行为的用户收取费用，并用这些费用来奖励采取 IPT 行为的用户。求解这种策略下的最优解，是一个由政府领导的斯塔克尔伯格博弈过程。我们通过逆向归纳法来求解子完美均衡博弈的过程。运营商的目标函数如下所示：

$$\max \pi_1 = pQ_g - BQ_n - c(Q_g - Q_n) \tag{4.10}$$

其中，等号右边的第一项指运营商通过向采取 PT 行为的用户收取额外费用带来的收入；第二项指运营商为采取 IPT 行为的用户提供奖励的成本；最后一项表示运营商在高峰期调度自行车的成本。此时运营商的关键是选择一个合适的 θ_1 值，以最大化其利润。对运营商的目标函数 π_1 求导得：

$$\frac{\partial \pi_1}{\partial \theta_1} = \alpha b_1 p(c - 2p\theta_1) \tag{4.11}$$

由于$\frac{\partial^2 \pi_1}{\partial \theta_1^2} = -2\alpha b_1 p^2 < 0$，则可以确定当$\frac{\partial \pi_1}{\partial \theta_1} = 0$ 时所求得的 θ_1^* 值为使运营商收益最大化的值，θ_1^* 的表达式如下所示：

$$\theta_1^* = \frac{c}{2p} \tag{4.12}$$

运营商和政府都需要满足式（4.9）所示约束，具体分析如下所示：

首先，需要定义 θ_1^* 是否满足约束上限 $\theta \leqslant \frac{q_1 - b_1 p}{b_2 p}$。

然后，可得$\frac{q_1 - b_1 p}{b_2 p} - \frac{c}{2p} = \frac{2q_1 - 2b_1 p - \alpha b_1 c}{2\alpha b_1 p}$。分析如下所示：

- 当 $\alpha \leqslant \frac{2q_1 - 2b_1 p}{b_1 c}$时，$\theta_1^*$ 满足约束，于是可取 $\theta_1 = \theta_1^*$；
- 当 $\alpha > \frac{2q_1 - 2b_1 p}{b_1 c}$时，$\theta_1^*$ 不满足约束。由于 π_1 是 θ_1 的凸函数，π_1 的

函数在 $\theta_1 \leqslant \theta_1^*$ 的情形下是单调递增的，则令运营收益最大化的取值为 $\theta_1 =$

$\frac{q_1 - b_1 p}{b_2 p}$。

同理，定义 θ_1^* 是否满足另一个约束上限 $\theta \leqslant \frac{\beta q_1 + b_1 p}{b_1 \alpha p}$，并得到相应区间内 θ_1 的最优取值。

最后，将运营商的最优响应函数 θ_1 代入政府收益的目标函数，结果如下所示：

$$\max\ U_1 = 2pq_1 + b_1 p(c-1) - \frac{1}{2}\alpha b_1 p^2 \theta_1(\theta_1 + \beta) - cq_1 + \frac{1}{2}\theta_1 p\beta q_1 + c\alpha b_1 \theta_1 p \tag{4.13}$$

其中，等式表示运营商的毛利润与用户剩余价值的总和。随后，可以利用最优 θ_1 去计算对应的 π_1、U_1 值。

4.3.2 策略二：运营商在有补贴的情况下实施双向激励调度

如果在没有任何支持的情况下实施双向激励机制，则有可能会使运营商的相关投入得不到预期回报，从而使运营商缺乏不断改进实施效果的动力。此时，政府的支持变得非常关键。在这种情况下，政府若根据实施双向激励机制的绩效，给予运营商相应的补贴，则有可能激起运营商的合作热情。求解过程与第 4.3.1 节相同。运营商的目标函数如下所示：

$$\max\ \pi_2 = pQ_g - BQ_n - c(Q_g - Q_n) + SQ_n \tag{4.14}$$

其中，等式右边的前三项表示运营商的收入，最后一项则表示政府给予运营商的补贴。由于 Q_n 可以反映实施双向激励机制的影响，则补贴的总额与 Q_n 正相关。此时运营商的关键是选择一个合适的 θ_2 值，以最大化其利润。对运营商的目标函数 π_2 求导得：

$$\frac{\partial \pi_2}{\partial \theta_2} = \alpha b_1 p(c + S - 2p\theta_2) \tag{4.15}$$

由于 $\frac{\partial^2 \pi_2}{\partial \theta_2} = -2\alpha b_1 p^2 < 0$，则可以确定当 $\frac{\partial \pi_2}{\partial \theta_2} = 0$ 时所求得的 θ_2 值为使运营商收益最大化的值，θ_2 的表达式如下所示：

$$\theta_2^* = \frac{c + S}{2p} \tag{4.16}$$

运营商和政府都需要满足式（4.9）所示约束，最优值 θ_2 的求解方法与策略一相同，限于文章篇幅，在此就不再赘述。然后，将运营商的最优响应函数 θ_2 代入政府收益的目标函数，结果如下所示：

$$\max U_2 = 2pq_1 - b_1p^2 - \theta_2^2p^2\alpha b_1 - (\mu - 1)S\alpha b_1\theta_2 p - c(q_1 - b_1p - \alpha b_1\theta_2 p) + \frac{1}{2}\theta_2 p\beta q_1 \tag{4.17}$$

其中，等式右边表示政府的收益减去政府的财政支出成本。此时政府的关键在于选取一个合适的 S 值最大化自身收益。因此，政府的收益函数 U_2 对 S 求导，结果如下所示：

$$\frac{\partial U_2}{\partial S} = \frac{1}{2}\alpha b_1(c + S)(1 - \mu) - \frac{1}{2}\mu\alpha b_1 S + \frac{1}{4}\beta q_1 \tag{4.18}$$

由于$\frac{\partial^2 U_2}{\partial S^2} = \frac{1}{2}\alpha b_1(1 - 2\mu) < 0$，则可以确定当$\frac{\partial U_2}{\partial S} = 0$ 时所求得的 S 值为使政府收益最大化的值，S 的表达式如下所示：

$$S^* = \frac{2\alpha b_1 c(1 - \mu) + \beta q_1}{2\alpha b_1(2\mu - 1)} \tag{4.19}$$

对于 S 的求解过程，限于篇幅，细节分析如下所示：

模型建立后，S 的取值必须大于等于零，并且由于 $\mu \in [1.2, 1.5]$ 则分母也要大于零。基于此，具体分析如下：

- 当 $\alpha \leqslant \frac{\beta q_1}{2b_1c(\mu - 1)}$时，$S^* \geqslant 0$，可得 $S = S^*$；
- 当 $\alpha > \frac{\beta q_1}{2b_1c(\mu - 1)}$时，$S^* < 0$。由于 U_2 是 S 的凹函数，U_2 的函数在 $S < 0$ 的情况下是单调递减的。因此，使得政府收益最大化的取值为 $S = 0$。

同理，易得 θ_2 的最优值，以及 S 在 $\alpha > \frac{2q_1 - 2b_1p}{b_1(c + S)}$和 $\theta \leqslant \frac{\beta q_1 + b_1p}{b_1\alpha p}$时相应区间内的取值。

随后，代入求得的最优 S 值，就可以求得相应的 π_2、U_2 最优值。

4.3.3 策略三：运营商与政府合作实施双向激励调度

政府在策略二中为实施双向激励机制的运营商提供补贴。但是，如果政府直接补贴采取 IPT 行为的用户，共享自行车系统的收益会更优吗？为此，特提出策略三，与上述两种策略相比较。运营商的目标函数如下所示：

$$\max \pi_3 = pQ_g - c(Q_g - Q_n) \tag{4.20}$$

其中，等式右边的第一项表示运营商通过向采取高峰出行行为的用户收取额外费用而获得的收入，第二项是运营商在高峰期调度自行车的成本投入。运营商此时的关键是选择一个合适 θ_3 值最大化自身利益。于是对运营商的目标函数 π_3 求导得：

$$\frac{\partial \pi_3}{\partial \theta_3} = c\alpha b_1 p \tag{4.21}$$

由于$\frac{\partial \pi_3}{\partial \theta_3} = c\alpha b_1 p > 0$，则可以确定是 π_3 是 θ_3 的单调递增函数，因此，运营商最优反应函数的取值由政府给定的 B 确定。政府的目标函数如下所示：

$$\max U_3 = \pi_3 + D_3 - \mu B Q_n \tag{4.22}$$

其中，等式右边前两项是政府的收入，最后一项是政府补贴的财政支出成本。政府此时的关键是选择一个合适的 B 值最大化自身利益。于是，政府收益函数 U_3 对 B 求导可得：

$$\frac{\partial U_3}{\partial B} = c\alpha b_1 + \frac{1}{2}\beta q_1 - \frac{1}{2}\mu\alpha b_1 B \tag{4.23}$$

由于$\frac{\partial^2 U_3}{\partial B} = -\frac{1}{2}\mu\alpha b_1 < 0$，则可以确定当$\frac{\partial U_3}{\partial B} = 0$ 时所求得的 B 值为使政府收益最大化的值，B 的表达式如下所示：

$$B_3^* = \frac{2c\alpha b_1 + \beta q_1}{4\mu\alpha b_1} \tag{4.24}$$

又因为 $\theta = \frac{B}{p}$，而 p 是常数，则可得 θ_3^* 的最优值如下所示：

$$\theta_3^* = \frac{2c\alpha b_1 + \beta q_1}{4\mu\alpha b_1 p} \tag{4.25}$$

运营商和政府都需要满足式（4.9）所示约束，最优值 θ_3^* 的求解方法与策略一相同，就不再赘述。随后，带入所得 θ_3 就可以求得相应的 π_3、U_3 最优值。

4.4 算例分析

为了能够对以上不同策略下的模型进行比较分析，本节进行了数值模拟算例分析。本节着重探讨 α 和 β 对共享自行车系统的影响，由此得出每种实施双向激励机制的策略的最优适用条件。为确保本书所有设置中的最优解存在，参数被赋予满足所提假设和约束的值，参数的数值描述如表 4.2 所示。出于简化计算的目的，当变量是 α 时，设置 $\beta = 0.6$。该 β 值是由求解 $\frac{\beta q_1 + b_1 p}{b_1 \alpha p} = \frac{q_1 - b_1 p}{b_1 \alpha p}$ 获得，因在这种情况下，我们只需考虑一个约束即可。当变量是 β 时，设置 $\alpha = 7.5$。该 α 值是在 $\beta = 0.6$ 时，三种策略采取逆峰出行行为的用户数量曲线的交点值。数值分析的结果在图 4.2 和图 4.3 中展示。

表 4.2　　参数估计

α	β	p	b_1	q_1	c	μ
0 ~ 25	0.6	1	200	1000	0.5	1.4
7.5	0 ~ 2	1	200	1000	0.5	1.4

图 4.2 阐述了在三种策略下，采取不同出行行为的用户数量，用户的剩余价值总和以及运营商和政府的收益随着 α 值变化的变化趋势，当 $\beta = 0.6$ 时。α 值对 Q_g、Q_n、Q_p、π、D、U 的影响分别在图 4.2（a）~（f）中展示。

在三种策略下 α 对选择不同出行行为的用户量的影响在图 4.2（a）~（c）中进行了展示。在图 4.2（a）中，假设 q_1、b_1、p 是常数，因此采取 PT 行为的用户数量也是一个常数。图 4.2（b）表示当 $\alpha < 7.5$ 时，策略三中的采取 IPT 行为的用户数量大于另外两种策略，当 $\alpha \geqslant 7.5$ 时，则小于其他两种策略。图 4.2（c）表示当 $\alpha < 7.5$ 时，策略三中的采取 FPT 行为的用户数量小于另外两种策略，当 $\alpha \geqslant 7.5$ 时，则大于其他两种策略。除此之外，当 $\alpha > 19.4$ 时，三种策略中采取 IPT 和 FPT 行为的用户数量分别等于 PT 和 0。这说

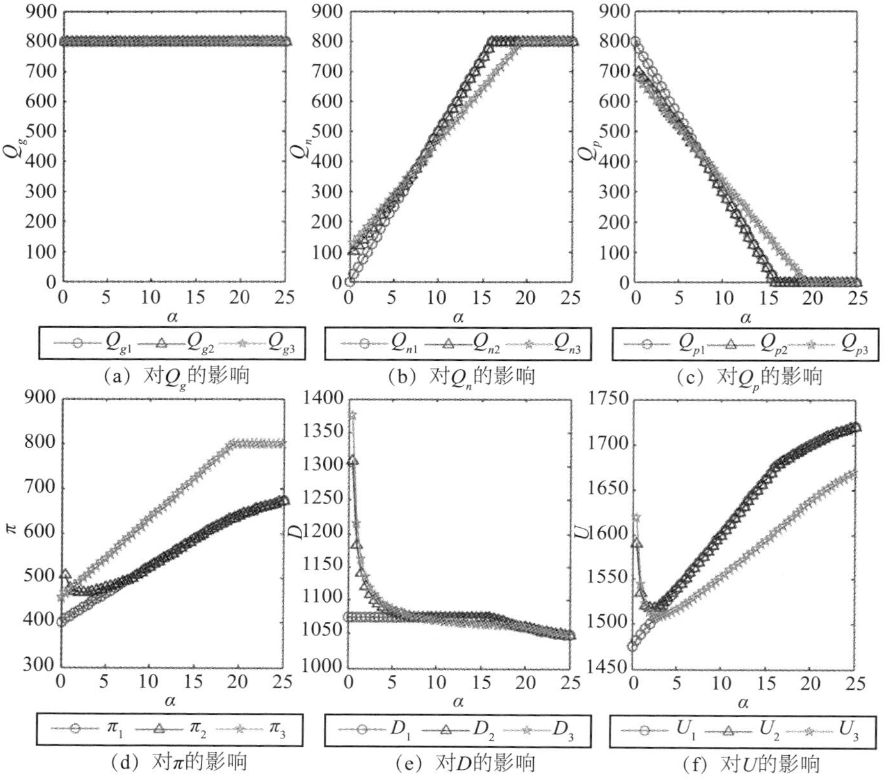

图 4.2　$\beta=0.6$，α 值对各参数的影响

明当休闲出行者的价格敏感度远远大于通勤出行者时，在所提三种策略下均能实现共享自行车系统的自复位。

图 4.2（d）~（f）展示了 α 值对出行者剩余价值和利益函数的影响。图 4.2（d）显示，当 $\alpha \geqslant 1$ 时，运营商在策略三中比其他两种策略获得更多的利润（$\alpha \approx 1$ 是策略二和策略三收益率曲线的交点）。当 $\alpha < 1$ 时，运营商在策略二中的利润大于其他两种策略。图 4.2（e）显示，当 $\alpha < 7.5$ 时，策略二和策略三中用户的剩余价值远远大于策略一，当 $\alpha \geqslant 7.5$ 时，三种策略的用户剩余价值几乎相同。图 4.2（f）显示，当 $\alpha < 2.5$ 时，策略二和策略三中的政府收益大于策略一，当 $\alpha \geqslant 2.5$ 时，策略一和策略二中政府收益远远大于策略三。

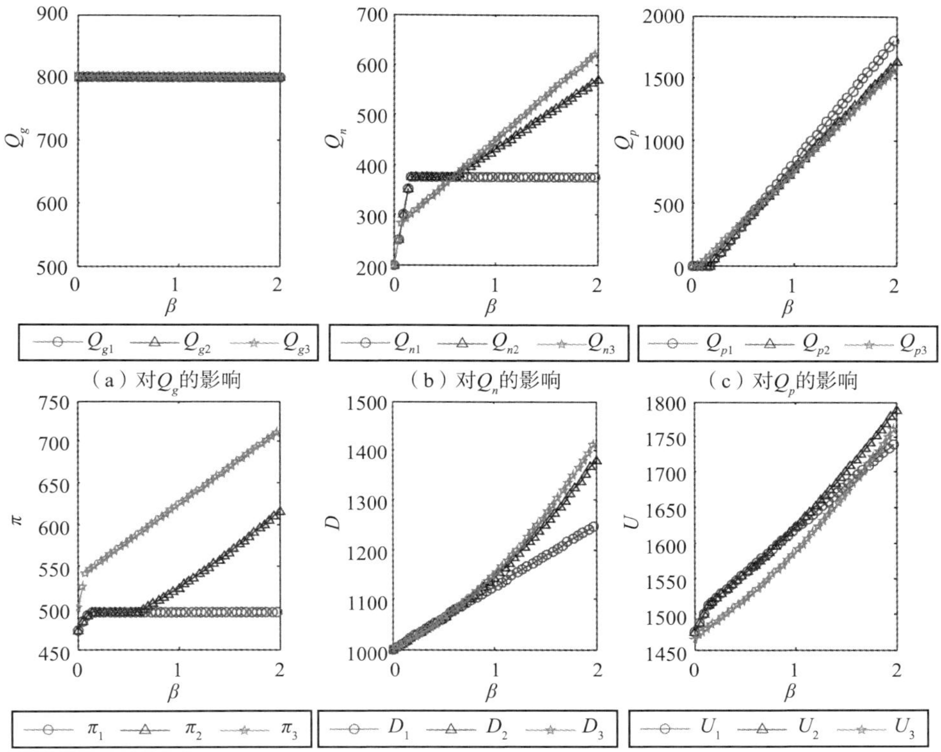

（a）对Q_g的影响　（b）对Q_n的影响　（c）对Q_p的影响

（d）对π的影响　（e）对D的影响　（f）对U的影响

图 4.3　$\alpha=7.5$，β 值对各参数的影响

图 4.3 阐述了在三种策略下，采取不同出行行为的用户数量，用户的剩余价值总和以及运营商和政府的收益随着 β 值变化的变化趋势，当 $\alpha=7.5$ 时。β 值对 Q_g、Q_n、Q_p、π、D、U 的影响分别由图 4.3（a）~（f）展示。

在三种策略下 β 对选择不同出行行为的用户量的影响在图 4.3（a）~（c）中进行了展示。图 4.3（b）表示当 $\beta \leqslant 0.6$ 时，策略一和策略二中采取 IPT 行为的用户数量大于策略三；当 $\beta>0.6$ 时，则策略二和策略三大于策略一。图 4.3（d）显示策略三中运营商的收益比其他两种策略明显大。图 4.3（e）中，当 $\beta \leqslant 0.6$ 时，三种策略的用户剩余价值是一致的；当 $\beta>0.6$ 时，策略二和策略三要大于策略一。由图 4.3（f）可见，三种策略中的政府收益都比较接近。

对以上算例分析结果进行总结，可以得出以下结论：

（1）在共享自行车系统中实行双向激励机制，能够提高运营商和政府的收益；

（2）当 α 值很小时，策略二的实施效果最优；

（3）当 α 值中等大小时，在 $\beta \leqslant 1 - \frac{2b_1p}{q_1}$ 情况下，策略一的实施效果最优，而在 $\beta > 1 - \frac{2b_1p}{q_1}$ 情况下，策略三的实施效果最优；

（4）当 α 值足够大时，三种策略下实施双向激励机制的激励力度没有差别，但策略三在运营商收益方面较另外两种策略表现更优。

4.5 实证分析

为了得出更有利于现实应用的结论和建议，我们对福州市共享自行车系统的用户进行了出行行为抽样问卷调查。这项调查显示，参与调查的休闲出行用户数量小于通勤出行用户，约占 30%。此外，我们发现休闲出行用户的平均年龄（45.2 岁）比通勤出行用户（34 岁）明显大。在中国，老年消费者总是比年轻消费者具有更高的价格敏感性[113]。这是由于 20 世纪五六十年代出生的人在童年时往往经历过艰苦的生活环境，从而形成了他们勤俭节约的生活习惯，因此他们中的大多数人在价格上较年轻人更为敏感。然而，对于大多数年轻人，特别是在 20 世纪 80 年代以后出生的，由于物质条件的不断改善，他们大多对商品的价格不太敏感。因此，可以认为，休闲出行用户的价格敏感度大于通勤出行用户。根据数值分析，福州市共享自行车系统实施双向激励机制的最佳决策是由运营商在没有补贴的情况下实施。此外，我们还发现只有 6% 的用户会选择避开高峰期出行，其余均为高峰出行或不考虑出行时间。这表明，在没有激励的情况下，休闲出行用户也可能在高峰期出行，增加用车压力；然而，如果给予双向激励进行调节，则有可能促使用户改变他们的出行行为，以获得更高的出行剩余价值。

为了比较 β 在不同类型城市中的区别，我们收集了另外四个中国城市的共享自行车系统出行数据。统计结果如表 4.3 所示。

表 4.3　　不同城市的休闲和通勤出行用户数量统计

城市	通勤出行用户占比（%）	休闲出行用户占比（%）	β	数据来源（问卷调查）	双向激励机制实施建议
广州	73.0	27.0	0.37	调查报告	策略一
杭州	40.0	60.0	1.50	学术论文	策略三
南京	64.2	35.8	0.56	调查报告	均可
福州	76.8	23.2	0.30	问卷数据	策略一
张家港	46.2	53.8	1.17	学位论文	策略三

在表 4.3 中，我们发现广州（大城市）通勤出行用户数量大于休闲出行用户[114]，根据本章的数值分析结论，最佳策略是由运营商实施独立实施双向激励机制（策略一）。张家港（小城市）的通勤出行用户数量少于休闲出行用户[115]，因此，最佳策略是政府直接补贴采取 IPT 出行行为的用户（策略三）。虽然杭州、南京和福州（中等城市）的规模相近，但杭州的通勤出行用户远远小于休闲出行用户[116]，这与其他两个城市相反[117]。这个差异主要是由于杭州属于旅游城市，很多用户使用共享自行车的目的是旅行和观光[118]。因此，杭州的最佳策略与张家港相同。至于南京，由于 β 值接近 0.6，故其实施效果在不同的策略中差别不大。

由此可得，共享自行车系统的运营商可以根据用户的出行数据，利用本章数值分析结论，得出实施双向激励机制的最优策略。

4.6　本章小结

高峰期的自行车重新平衡问题是共享自行车系统的主要关注点之一。为了解决这个问题，我们将共享自行车系统中的用户划分为两种类型：休闲出行用户和通勤出行用户。本章指出服务提供商，如运营商和政府，可以通过实施双向激励机制，即刺激休闲出行用户积极响应共享自行车系统中的自行车重置需求，并引导通勤出行用户尽可能避免高峰期出行，从而减少高峰期自行车的调度压力，甚至实现系统自复位。在本章中，我们根据政府和运营商不同的合作策略，提出了三种实施双向激励机制的策略：策略一是由没有补贴的运营商独立实施双向激励机制；策略二是政府补贴运营商实施双向激励机制；策略三是政府直接补贴给采取 IPT 出行行为的用户。在一个共享自行车系统中，运营商和政府之间的合作关系形成了一个斯塔克尔伯格博弈模型。我们使用逆向归纳法求解各系统成员的最佳响应函数。通过数值模拟实验，讨论分析了在三种策略下，两个重要参数对不同出行行为的用户数量、用户剩余价值、运营商和政府收益的影响。最后，本章通过问卷调查的形式获得了福州市共享自行车系统用户出行行为的数据，同时收集来自中国四个代表性城市的二手数据，证实了共享自行车系统用户确实存在不同的出行目的，并且不同类型的用户也具有不同的价格敏感度和时间价值。此外，也将本章所得数值分析结论进行了应用。

综上所述，本章的结论如下所示：

（1）政府和运营商可以通过实施双向激励机制，在减轻共享自行车系统自行车再平衡压力的同时，所有利益相关者的利益也得到提升。

（2）在发达地区，通勤出行用户的价格敏感度大于休闲出行用户，此时，运营商在有政府补贴的情况下实施双向激励机制的策略是最优选择。

（3）在发展中地区，休闲旅行者的价格敏感度总是大于通勤出行用户，此时，运营商独立实施双向激励机制的策略是大中城市的最佳选择。这些城市的快节奏生活方式导致大量的通勤出行用户产生，在这种情况下激励效果不是很明显。然而，对于小型城市或旅游城市，由政府直接补贴给采取 IPT 出行行为的用户的策略是最优选择。在这些城市里，休闲出行用户的比例总是大于 50%，双向激励机制将产生较好的激励效果。因此，政府补贴在这种情况下起着重要作用。

目前，通过激励手段调整共享自行车系统用户出行行为的课题正得到越来越多的关注。世界范围内也有很多共享自行车系统在这方面取得了成功的实践经验。例如，伦敦的巴克莱的共享自行车系统采用奖励的方法来最小化其运营成本，普罗默（Pfrommer）等在文章中指出，当通勤出行用户数量不大于休闲出行用户时，通过激励用户实现系统重新平衡的机制是可行的[38]，这对本章的研究结论提供了很好的支持。此外，“反向车手奖励”计划为在高峰期采取自主平衡系统供需行为的用户提供奖励，该方法已经在如巴黎、北京和北美的一些城市进行了有益尝试[119]。因此，我们认为在共享自行车系统和其他类似系统中应用双向激励机制具有实践意义。

受到能力限制，本章只着重考虑了价格敏感度的影响，而时间价值会由于共享自行车系统中用户出行目的不同而产生很大差异，这将对利益相关者的决策选择造成影响，因此，考虑时间价值对不同类型的出行行为的影响，以及将价格敏感度和时间价值结合起来考虑，将是未来非常值得研究的课题。

| 第5章 |

共享自行车系统可持续收益优化决策模型研究

5.1 引　　言

共享自行车对于市民而言，为其提供了一种经济的出行方式，然而，这个项目对于政府和运营商而言却丝毫也不经济。大多数的共享自行车系统是由政府投资建设并委托运营商进行运营，为了鼓励人们接受这种新兴的出行模式，很多共享自行车几乎都是免费的。而与此同时，共享自行车系统的运营费用却非常高昂（其中包括硬件投入、维修折旧费用和调度成本等）。这就导致共享自行车系统的运营商难以获得足够的收入来弥补支出，而巨额的补贴也让政府面临巨大的财政压力。虽然，现在许多运营商通过将广告经营权出售给广告承包商获得了一定收入，但大多数的广告承包商并不确定随着时间的推进，该系统的广告收益是否能够达到他们的预期值。因此，广告承包商的参与热情并不高。由于以上所提及的种种原因，几乎很少有共享自行车系统能够通过广告收入获得令人满意的系统利润，而入不敷出却是常态。在这种情况下，政府将开始去思考投资共享自行车系统是否值得，运营商将可能会由于不堪重负而选择退出，而广告承包商也会中断与运营商的合作。

因此，对于共享自行车系统而言，具有在整个运营期间满足所有利益相关方利益需求的能力是实现其收益可持续发展的关键。众所周知，在建立共享自行车系统的初期，需要大量的资金作为支撑，而现实中往往是：第一，共享自行车系统得不到政府给予的足够重视和财政支持；第二，尽管政府投入了大量的资金，但给予的监管不到位。在主流的新闻和媒体报道中也常提及共享自行车系统失败的原因在很大程度上是由于政府投资或监管不足导致。例如，武汉政府在 2009 年投入约 3 亿元资金用于建设共享自行车系统，采用政府与社会资本合作（public-private-partnership，PPP）模式运营，然而，受委托的运营商为实现自身利益最大化，将大量的精力投入到政府为补贴系统运营维护成本而提供的兑换资源上，如房地产和广告媒体领域，从而忽略了系统运营质量的维护和提升，结果仅仅四年后，该项目由于车辆损毁严重，缺乏管理和调度，以失败告终。显然，以上例子失败的主要原因是缺乏政府的有效监控。又如另一个例子，北京的共享自行车系统仅仅在北京奥运会举办前后维持了两年的时间，而该项目的失败则是由于当地政府虽然态度上支持，但在政策和资金投入上都缺乏足够的支撑。因此，研究政府可持续发展投资策略和建立针对运营商行为的监管机制，对于共享自行车系统可持续运营而言是一个亟待解决的课题。

虽然政府行为是影响共享自行车系统运营效果至关重要的因素，但运营商的作用也不容小觑。共享自行车系统作为一个无碳的交通出行模式，其拥有众多的用户，从而对于运营商来说其具有外部效益内部化的巨大潜力。其中，出售系统的广告经营权是被最为广泛应用的外部效益转化为经济效益的业务。然而，在现实中，只有小部分共享自行车系统能够非常顺利地实现这个转化。尤其是那些坐落在小城市或刚刚起步的共享自行车系统，其对广告承包商的吸引力十分有限。因此，如何提升广告承包商的参与热情成为共享自行车系统的又一个难题。

张立红（Zhang）等指出共享自行车系统的管理者必须明确所有涉众的预期收益[47]。在实践中，非常多的共享自行车系统就是由于资金链条断裂导致运营被迫中断。在资金链中只要有一个环节出现问题，则会导致全链的断裂，例如，政府由于缺乏获得可观投资回报率的信心而停止补贴；运营商由于入不敷出而选择退出；广告承包商由于害怕承担风险而不愿意购买系统广告经营权，以及用户由于对系统的服务质量感到不满而放弃使用共享自行车。因此，如何协调各参与方的利益，实现系统的运营平衡是共享自行车系统面临的重要难题。然而，关于共享自行车系统的相关研究却鲜有文献涉及。

在共享自行车系统中，利益相关方包括政府、运营商和广告承包商（由于本章着重考虑系统的收益问题，所以暂不考虑用户）。政府与运营商之间的合作大部分采取的是 PPP 模式，运营商与广告承包商之间的合作关系则更类似于供应链的上下游关系。显然，无论哪种合作关系，其目的都是现实互利共赢。因此，建立适合的约束机制来维护双方利益变得尤为必要。激励惩罚机制作为应对以上问题的常用方法已经被广泛应用于各个研究领域，其中就包括 PPP 项目和供应链。在 PPP 项目中，张（Zhang）等提出 PPP 项目获得成功的关键因素之一是制定适合的风险分配机制，并通过合同保障其公平实施[120]。陈（Chen）等通过动态规划（dynamic programming，DP）和斯塔克尔伯格博弈构建模型，求解跨企业动态联盟决策。他们的研究结果表明，在合作过程中，将收益共享并入 VMI 合同中，将有利于渠道运营效率和提升合作双方的收益[121]。庞希里（Pongsiri）等指出一个健全的监管框架将有利于政府确保合作伙伴的运营效率和实现资源优化分配。反过来，私营机构也受到相应的保护，以规避来自市场变化导致的风险[122]。以上所提文献阐明了风险分配对于合作效率提升的重要性。供应链的研究领域也存在大量研究探索利益相关方之间的合作机制。例如，徐（Xu）等规避风险的双渠道供应链的价格设置低于风险中性的双渠道供应链，他们指出生产者与零售商签订合作契约，不仅能够使双渠道供应链更加协调，而且能够确保利益相关方实现共赢，而这将有利于推动零售商与生产商搭建稳定的合作关系[123]。此外，收益分配作为实践领域最为常见的契约之一，也得到了广大学者的关注。在收益分配契约中，零售商最终支付给供应商的单位产品价格是由供应商出售价格加上零售商利润的分配比例组成[124]。詹诺卡罗（Giannoccaro）和蓬特兰多尔福（Pontrandolfo）提出一个基于收益分配机制的供应链契约模型，并且通过调整分配机制，使该模型能够提升全部利益相关者的利益[125]。库维利斯（Kouvelis）等证实对于供应链的分散经营而言，当存在破产风险和违约成本时，使用考虑营运资本协调的收益分配契约的效果比回购和质量折扣表现更优[126]。他们还指出收益分配契约能够用来有效实现所需的运营资本协调。

正如以上所提到的，在一个合作关系中，如何分担风险和分享利益是双边关系中最重要的问题之一，收益分配契约是促进双边合作关系协调的有效手段，同时还有利于提升所有利益相关方的收益。因此，在本章中，将通过制定收益分配契约，合理分配广告收益，降低运作风险，从而提升广告承包商承担共享自行车系统广告管理业务的积极性。同时，出于鼓励运营商持续经营共享自行车系统的目的，政府可以通过补贴运营商以降低其破产的风险。另外，为激励运营商提升其努力程度，政府应该对运营商实施激励与惩罚机制。

共享自行车系统作为一个项目，会经过漫长的建设阶段到运营阶段，该系统在基础建设期需要大量的资金投入。然而，政府的补贴额度受到当地财政支出的限制，同时广告收益受到系统用户数量的显著影响。因此，如何在众多约束下制定最优决策以确保共享自行车系统能够实现可持续发展是本章所要重点解决的另一个问题。有许多有益的现存研究提供了在连续变化的周期内获取最优决策的方法。例如，朱（Zhu）等运用线性规划方法为工业能源管理的决策制定过程提供支持，他们指出由于不同的绩效指标能够导致不同的决策建议，从而该方法在能源计划与核算中具有显著意义[127]。余（Yu）等为解决环境项目的投资决策问题，提出一个离散动态规划模型。该模型能够在成本最小化和排放达标的约束下求得最优投资策略[128]。为管理者提供有效的决策选择模型的决策制定技术主要可以分为三种类型：多准则决策制定技术、数学规划技术以及人工智能技术[129]。动态规划作为数学规划技术的一个分支，能够求解在多重约束下随时间变化系统里的最优决策。因此，在本章中，动态规划模型将被用于解决所提问题。

本章提出构建政府与运营商和运营商与广告承包商之间的激励约束模型，以保障共享自行车系统各利益相关方能够保持长期稳定合作，这是系统能实现可持续发展所需解决的重要问题。接着，在此基础上构建可持续收益优化决策模型，以提升共享自行车系统总体管理决策水平。可持续收益优化决策模型的目标函数独特，对于现有文献而言具有创新性。所选择的目标函数是基于现实考虑，其与一般决策问题相比最大的区别在于其针对的是最大化既定时期内的系统整体收益。根据模型的结构需求，本章运用动态规划和斯塔克尔伯格博弈模型进行最优解决方案的搜寻，而所谓的最优方案即找到能够使得系统收益实现帕累托最优的决策。

本章所构建的模型考虑了共享自行车系统进行碳交易后对收益的影响，同时也考虑双向激励调度机制实施后，调度成本的节约效果对总体收益的影响，故本章模型构建过程中已涵盖前两章的研究成果，是本书的核心章节。

5.2 模型参数与问题描述

5.2.1 模型参数

为方便起见，表5.1中展示了本章所有使用变量和参数的符号和含义。

表5.1 参数表

符号		定义
集合	T	表示共享自行车系统的运营周期，每一期由 t 表示
	U_t	表示政府在 t 时期内新增投建的站点数量
状态变量	x_t	表示在 t 时期共享自行车系统的用户出行量
	Y_t	表示在 t 时期剩余需要建设的站点数量
决策变量	B_p	表示共享自行车系统的建设周期
	γ	表示由政府制定的共享自行车折旧补贴保留系数
	m_0	表示由政府制定的奖惩临界服务水平
	k_t	表示在 t 时期政府给予运营商奖惩补贴的调节系数
	S_g	表示由政府制定的运营维护的单位补贴比例
	π	表示运营商对广告承包商努力程度的激励力度
参数	α	表示人口密度衰减系数
	K_q	表示共享自行车系统站点的增长率
	Q_t	表示在 t 时期系统中共享自行车车站的数量
	M_t	表示在 t 时期运营商的服务水平

续表

符号		定义
参数	p_m	表示运营商的服务质量对出行量增长的影响系数
	k_m	表示服务水平出行量增长率极限
	d	表示服务水平调整系数
	k_0	表示出行量自然增长率
	ψ	表示共享自行车的折旧率
	λ	表示服务水平奖惩效用系数
	ω_e	表示运营商根据广告承包商努力程度制定的承包商最低利润率
	ω_0	表示广告承包商的保留利润率
	R_t^a	表示在 t 时期广告承包商的实际收益
	W_t^e	表示在 t 时期广告承包商的广告收入
	E_t	表示在 t 时期广告承包商对共享自行车广告业务的努力程度
	Z_t	表示 t 时期共享自行车系统广告宣传的固有收入
	β	表示国民生产总值（GDP）增长系数
	I	表示印象指数
	b	表示印象指数常数项
	W_t^a	表示共享自行车系统在 t 时期广告宣传的实际收入
	δ	表示广告随机因素影响系数
	k_e	表示广告承包商的努力程度效益转化系数
	φ_t	表示在 t 时期由运营商制定的广告收益分配系数
	δ_e	表示广告承包商努力成本系数
	δ_m	表示运营商服务水平的成本系数
	ρ	表示广告承包商风险效用系数
	σ	表示广告随机因素方差
	F_t^a，F_t^m，F_t^g	分别表示广告承包商、运营商和政府在 t 时期的总收益
	J_0	表示政府在共享自行车系统的最大单期财政支出
	J_{inv}	表示政府在共享自行车系统整个运营周期中的最大财政支出
	R_m^p	表示运营商的保留收益额
	S_0	表示运营维护的固定单位补贴

续表

符号		定义
参数	C_j	表示单位共享自行车站点的建设成本
	θ	表示随机变量
	c	表示广告承包商单位站点的广告布置投入成本
	c_0	表示系统运营维护单位固定成本
	c_1	表示单位共享自行车车站的运营维护单位成本
	V_t^c	表示运营商在 t 时期的碳交易收入
	V_t^s	表示在 t 时期政府给予供应商的补贴总额
	V_t^{jp}，V_t^{jn}，V_t^{Ac}，V_t^{jk}，V_t^{jl}	分别表示在 t 时期共享自行车系统的减排效益、节能效益、尾气污染治理效益、健康效益和运力替代效益
	A_g	表示政府投入共享自行车项目获得的资产累计价值
	μ	表示政府财政支出的成本系数
	c_{input}	表示政府在站点建设上的投入
	Q_m	表示共享自行车系统需要建设的站点总量（不包含起始站点数量）
	Q_0	表示共享自行车系统的起始站点数
	L	表示每次骑行的平均距离
	G	表示小汽车汽油平均消耗量
	z	表示节约 1 升汽油的二氧化碳减排量
	p_c	表示碳交易价格
	R_1，R_2，R_3，R_4	分别表示自行车对公交车、出租车、小轿车和摩托车的替代率
	r_1，r_2，r_3，r_4	分别表示公交车、出租车、小轿车和摩托车按油耗比折算为小轿车的转换系数
	r	表示碳交易的成交比例，该成交比例取决于市场饱和度，世界碳交易发展水平和认可度，[0，1]
	p_{gas}	表示每升汽油的平均价格
	v	表示每升汽油燃烧所释放的尾气量
	p_z	表示每升汽油转化为汽车尾气排放到大气中的污染治理费用
	n	表示单位自行车出行者年均出行次数
	η	表示运动人口比缺乏运动人口在医疗方面减少开支的比例

续表

符号		定义
参数	H	表示平均医疗费用
	h_1，h_2	表示每人年平均医疗费用的回归系数
	y	表示年份
	C_b，C_x	分别表示单位公交车、出租车购置成本
	Y_b，Y_x	分别表示公交、出租车的折旧年限
	A_b，A_x	分别表示公交、出租车的平均载客量
	θ_b，θ_x	分别表示公交平均发车次数、出租车平均载客次数
	N_b，N_x	分别表示替代公交、出租车的使用人数
	$\overline{N}$	表示共享自行车年均租借次数

5.2.2 问题描述

本书所要解决的是如何实现系统的可持续发展问题，而共享自行车系统持续运行的关键有两点：其一，系统中有足够多的用户数量，同时这些用户对自行车出行保持一定使用频率，即共享自行车系统拥有一定规模甚至呈增长态势的用户出行量；其二，系统能够获得正向的社会总收益，同时系统中利益相关方之间能够维护长期稳定的合作关系，不会因为亏损或者对投资回报率不满而退出系统。因此，模型的构建需要全面考虑用户出行量的计算，利益相关方之间博弈，最优投资建站策略等方面问题。

5.2.2.1 用户出行量

“出行量”增长是衡量系统可持续发展的关键指标，因为只有在源源不断地有人使用共享自行车出行的情况下，共享自行车系统才有可能将出行量转化为生产力，才有可能得到来自政府和企业的支持，然后收支平衡且对社会有益地运行下去。那么，引起出行量变化的因素除了与共享自行车系统所在外部环境（例如，系统所在地的自行车骑行条件，所在地的国内生产总值等）密切相关外，还主要受如下系统内部因素影响：

（1）系统规模。规模的扩大能够惠及更多生活片区的人，并且使共享自行车的使用达到范围增大，这将吸引更多人成为共享自行车系统的用户。

（2）系统服务水平。共享自行车系统运营商的服务水平直接影响使用者的满意度，使用者的满意度决定其出行行为的选择，因此，较高的服务水平能够给使用者带来更便利的使用体验，从而增加使用次数，反之则导致使用者放弃选择共享自行车出行，从而使系统出行量减少。

（3）自然增长。由于随着共享自行车系统的推广，共享自行车这种出行方式会逐渐深入人心，成为人们出行方式的一种选择，加上随着社会的进步，人们对环保和健康的意识水平会不断增强，因此，系统的出行量在不考虑其他条件的情况下，自身也会获得一定程度的增长量。

本书采用模型如下：

$$\Delta x = x_{t+1} - x_t = k_0 x_t + \alpha^t K_q x_t + p_m x_t \tag{5.1}$$

其中，$k_0 x_t$ 是自然增长量，k_0 为自然增长率，可用历史数据分析得到。

在式（5.1）中，等式右边的第二项 $\alpha^t K_q x_t$ 表示扩大自行车系统规模引起出行量增长，与系统规模增加率成正比；以自行车站点为计算单位，假设站点增量 U_t，当期站点数量 Q_t，则 $K_q = \frac{U_t}{Q_t}$。假设扩展车站总是从人口最密集的地方开始扩建，随时间推移人口密度会越来越小，所以自然增长量应乘上随时间递减的系数 α^t，且 $0 < \alpha < 1$。

系统服务水平对出行量的影响表示为 $p_m x_t$，其中 p_m 表示运营商的服务质量 M_t 对出行量增长的影响系数，由此可得 p_m 关于 M_t 的表达式 $p_m = k_m \left(1 - e^{-\left(\frac{M_t}{d/\sqrt{3}}\right)^2}\right)$[130]。即假设 p_m 和 M_t 服从高斯模型（Gaussian model）。服务水平低于特定值时，出行量随着服务水平的提升而显著增长，当服务水平到达特定值后，则出行量随服务水平提升的变化量很小。

通过对出行量增量的动态规划分析，可以确定一定周期内最优的投资建站策略，以确保共享自行车项目的顺利实施。

5.2.2.2 激励约束关系

系统收益是第二个影响系统可持续性的关键因素。共享自行车系统收益包括系统总体的社会效益和系统各利益相关方的运营收益。作为一个公益性质的服务系统，必须能获得正向的总体社会效益，才具有存在的意义。同时，各系统利益相关方都必须要有利可图，否则亏损的一方将会退出系统，导致系统无法正常运转。此外，为保持系统收益的可持续性，系统各利益相关方还必须维持稳定的合作关系。这种合作关系既要有足够激励，又要能够互相约束，保障合作双方的权益。

为此，本章将以最大化共享自行车系统的总体利益为决策目标，同时以确保每一个利益相关方能够获得他们的期望利润为约束，求解在一段运营时期内，共享自行车系统的帕累托最优运营决策。其中，政府投入资金建设和补贴运营商开展运营活动，同时制定服务水平基准以及奖惩力度激励监督运营商的运营行为。运营商通过出售广告经营权获得广告收入，并通过制定收入分配比例对广告承包商的努力水平进行调控。共享自行车系统的运营商为用户提供自行车租赁服务，广告承包商植入广告获取用户的关注，用户再将获得的服务效果反馈给政府，供政府评价运营商的运营水平。本章所提决策模型的利益相关方相互间合作与激励约束关系描述如图 5.1 所示。

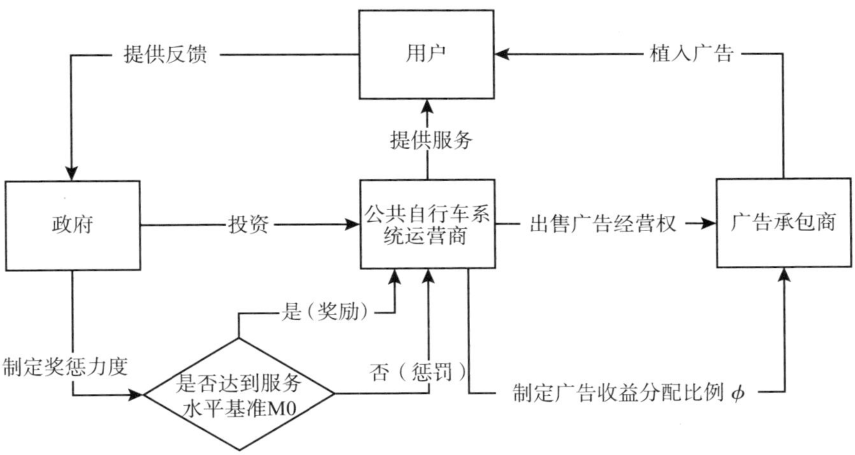

图 5.1　决策相关方逻辑关系图

5.2.2.3　系统规模

系统规模是提升用户出行量的基础，只有在共享自行车系统在当地形成一定规模的情况下，才能吸引更多的出行者选择自行车这种出行方式。因此，政府作为共享自行车系统的投资方，应该在保证系统各参与方利益的前提下，以系统总体效用最大化为目标，制定合理的共享自行车站点扩张投资策略，不断投入基建投资，扩大共享自行车规模，从而推动用户出行量的提升。在实际运营当中，投资建站策略包括平均建站策略、逐年增长建站策略、逐年退坡建站策略等，本章将在第5.4节中构建投资建站最优决策模型，求解可持续视角下的最优投资策略。

5.3 利益相关方激励约束博弈模型

5.3.1 政府与运营商之间博弈

在共享自行车系统的运营过程中，政府扮演着非常关键的角色，政府的有效支撑将十分有利于系统度过建设初期的运营困难，但政府如果资助不当，则有可能导致系统实际运营商钻政策的漏洞，出现只收钱不办事的行为。因此，政府必须通过制定推动力与约束力并存的建设投资方案和奖补策略，才能保证共享自行车系统在正常运行的情况下尽可能减少政府支出，直至政府财政完全退出，使共享自行车系统成为一个能够通过市场化运作自负盈亏的可持续公益服务系统。

5.3.1.1 激励补贴政策

政府作为共享自行车系统的推行者，应该设定相应的补贴政策，调动运营商的积极性，并实现对运营商努力水平的监管。为此，本书提出政府应分别制定基础运营补贴、折旧补贴、奖惩刺激三个补贴政策。

（1）基础运营补贴。

共享自行车系统运营初期，缺乏稳定的收入来源，必须依靠政府的财政补贴，保障运营商的收支平衡。但同时，随着共享自行车系统的推广和发展，以及系统外部效益内部化的逐步实现，政府的基础性补贴可逐年减少。这样做一方面可以在保证共享自行车系统正常运行的情况下尽可能地减少政府的支出，另一方面还可以通过制定退坡政策促使运营商努力探索增加收益的途径。由此，本书提出退坡式的基础补贴策略，公式如下：

$$\frac{(N-t)}{N}(S_g Q_{t+1}+S_0) \tag{5.2}$$

式（5.2）表示政府在共享自行车系统运营初期给予较大补贴，使系统尽快形成规模，然后随着时间越来越接近项目投资终点，政府再逐渐减少对运营商的补贴，直到不予补贴，最终实现共享自行车系统的全面市场化运作。

（2）折旧补贴。

为保障共享自行车系统的持续性，必须提取折旧基金，以支持自行车以及站点设施的更新换代。建设初期，必须依靠政府补贴，折旧补贴如下：

$$C_j Q_{t+1}\psi[1-\gamma(t-N)/(T-N)] \tag{5.3}$$

其中，$C_j Q_{t+1}\psi$ 表示自行车折旧实际发生的费用，$[1-\gamma(t-N)/(T-N)]$ 则表示随着周期的推移，政府的折旧补贴是递减的。在建设期内，政府的折旧补贴为全额补贴，当建设期结束时，政府的折旧补贴开始递减（小于实际折旧补贴费用）。政府通过调整折旧保留系数 γ，可以调节折旧补贴的力度。由于运营商的收益有限，所以在政府折旧补贴策略的助力下，共享自行车系统能够不受自行车折旧的影响，持续地增加系统规模，因此，折旧补贴也属于政府扩大系统规模的一种投资策略。

5.3.1.2 奖励政策

由于服务水平对出行量的影响也十分显著，政府为激励运营商保持和提升共享自行车系统的服务质量，应当设立针对运营商服务质量水平的奖惩策略。由此，本书提出奖惩策略如下：

$$k_t\left(\frac{1-e^{-\lambda M_t}}{1-e^{-\lambda m_0}}-1\right)S_g Q_{t+1} \tag{5.4}$$

式（5.4）表示当运营商的服务水平 M_t 超过政府的奖惩临界水平 m_0 时则给予一定的奖励，当 M_t 小于 m_0 时则惩罚，并且惩罚的力度远大于奖励的力度，这将有利于约束运营商将服务质量保持在一个稳定的水平上，同时又规避了运营商为了获取补贴，无意义提高服务质量的问题。

5.3.2 运营商与广告承包商之间博弈

运营商应努力实现系统外部效益内部化，逐步减少对政府补贴的依赖。

而外部效益内部化的一个最主要的措施，是将共享自行车系统公众特性转变为广告效益。因此，保证运营商与广告承包商双方关系的长期稳定，以及维持一定的收益增长，是运营商需要解决的关键问题。

从而，运营商为激励广告承包商承包共享自行车系统的广告业务，同时激励其不断提升广告业务水平，增加广告收益，本章提出运营商应承诺广告承包商承接系统广告业务的毛利率水平一定能够大于其自身的保留利润率 ω_e（R_t^a 为毛利，W_t^e 为毛收入）：

$$\frac{R_t^a}{W_t^e} \geqslant \omega_e \tag{5.5}$$

由于广告效益与广告商的努力水平 E_t（广告创意等）密切相关，因此，运营商应激励广告承包商不断提高努力水平，本章将这个保留利润率设定为与 E_t 正相关的表达式，如下所示：

$$\omega_e = (1 + E_t^* \pi)\omega_0 \tag{5.6}$$

式（5.6）表示广告承包商的努力水平越高，则保留利润率就越高，为满足约束如式（5.5）所示，则运营商会给予广告承包商更大的广告收益配额。同时，运营商还可以通过调节 π 值调整激励力度。

5.3.3 关键参数求解

在共享自行车系统中，政府委托运营商运营共享自行车系统，并授予运营商共享自行车的广告转让权；运营商通过招商的方式，委托广告承包商负责共享自行车的广告业务；广告承包商通过竞争获得共享自行车广告的承包权。这是一个三阶段的动态博弈，具体博弈过程：首先，将政府与运营商的委托—代理关系建立为一个以政府为领导者、运营商为跟随者的斯塔克尔伯格博弈模型，再将运营商与广告承包商的委托—代理关系建立为一个以运营商为领导者、广告承包商为跟随者的斯塔克尔伯格博弈模型。求解过程如下：首先，政府以寻求共享自行车系统的帕累托均衡为目标确定补贴额度和投资决策；然后，运营商在观测到政府决策后，选择服务水平，同时确定广告收益分配比例以实现最大化自身收益的目标；最后，广告承包商根据运营商的决策也以自身利益最大化为目标进行努力程度决策。为了求得以上三阶段斯塔克尔伯格博弈的均衡解，本章采用逆向归纳法。从讨论广告承包商的决策开始，先确定广告承包商的最优努力程度，然后求解运营商的最优广告收益分配比例和最优服务质量水平决策，最后政府在考虑运营商和广告承包商最优决策的情况下求解共享自行车系统的帕累托最优，获得最优投资决策和补贴配额。

本小节中将介绍广告承包商的最优努力程度和运营商选择广告收益分配比例的求解过程，政府的帕累托最优决策模型将在第 5.4 节中具体阐述。

5.3.3.1 广告承包商选择最优努力程度

广告承包商与运营商的决策之间存在斯塔克尔伯格博弈，广告承包商作为一个跟随者，将根据运营商的决策，确定自己的最优努力水平，即使得其实际收益最大化的 E_t 值。于是我们对广告承包商的收益求最大值，得到最优取值 E_t^*，如下所示：

$$\frac{\partial R_t^a}{\partial E_t}=(1-\phi_t)Z_tk_e-\delta_eE_t \tag{5.7}$$

当$\frac{\partial^2 R_t^a}{\partial E_t^2}<0$ 时，则令$\frac{\partial R_t^a}{\partial E_t}=0$，可得广告承包商 E_t^* 的最优取值：

$$E_t^*=\frac{(1-\phi_t)Z_tk_e}{\delta_e} \tag{5.8}$$

5.3.3.2 运营商选择广告收益分配比例

作为广告承包商的领导者，运营商将以自身利益最大化为目标进行广告收入分配决策。运营商为激励广告承包商提高广告业务的努力程度，增大广告整体收益，制定了广告承包商最低利润的约束。由于运营商的目标是最大化自身利益，因此，广告收益分配给广告承包商的部分只保证不少于激励政策要求，而不给予更多，于是运营商的广告收益分配系数决策应满足如下函数：

$$\frac{R_t^a}{W_t^e}=\left[1+\frac{(1-\phi_t)Z_tk_e}{\delta_e}\pi\right]\omega_0 \tag{5.9}$$

通过求解以上等式可得运营商的最优 ϕ_t^* 表达式，具体求解过程见附录 B。

5.3.3.3 运营商选择服务质量水平

在与政府的关系中，运营商是跟随者，运营商在观测到政府决策后，将广告承包商的最优努力水平 E_t^* 代入效益函数 F_t^m，求使自身利益最大化的服务水平 M_t^*，可得：

$$\frac{\partial F_t^m}{\partial M_t}=\frac{\lambda e^{-\lambda M_t}k_t S_g Q_{t+1}}{(1-e^{-\lambda m_0})}-\frac{(1+\delta_m)^{M_t}(c_1 Q_{t+1}+c_0)\ln(1+\delta_m)}{(1+\delta_m)} \tag{5.10}$$

当$\frac{\partial^2 F_t^m}{\partial M_t^2}<0$时，则令$\frac{\partial F_t^m}{\partial M_t}=0$，可得运营商 M_t^* 的最优取值（具体的求解过程见附录 B）：

$$M_t^* = \ln\left\{\frac{\lambda k_t S_g Q_{t+1}(1+\delta_m)}{(c_1 Q_{t+1}+c_0)\ln(1+\delta_m)(1-e^{-\lambda m_0})}\right\}\Big/ (\ln(1+\delta_m)+\lambda) \tag{5.11}$$

5.4 可持续收益优化决策模型

5.4.1 利益相关方的收益函数

5.4.1.1 广告收益函数

共享自行车系统广告资源的固有收益 Z_t，即广告承包商平均努力水平也能达到的收益，按每千人印象成本估算：

$$Z_t=(1+\beta)^{2\ln(t+1)}(Ix_t+b) \tag{5.12}$$

第一项 $(1+\beta)^{2\ln(t+1)}$ 表示随着时间的推移，国民经济总量不断提升（β 为国内生产总值增长率），广告受众的收入水平及其产生购买行动的可能性会逐渐增加，产生的高收益增长率，这符合世界经济正常的发展规律。

第二项（Ix_t+b）表示“千人/天”印象成本，其中 I 为印象指数，其表示通过脑电波活动跟踪得到的消费者注意到商品后产生的记忆和关注指数[131]，b 为常数项。千人印象成本被广泛应用于计算和评价广告的成本效益和盈利能力[132]。

由于随着广告承包商努力程度 E_t 的提高，即提升广告创意，优化广告呈现形式，打造宣传效果等，广告实际效益也相应提升，于是可得广告收益：

$$W_t^a=Z_t(1+k_e E_t)+\delta\theta \tag{5.13}$$

其中，$\delta\theta$ 表示由于市场随机波动对广告收益产生的影响。即假设 θ 服从正态分布表示市场随机因素，该随机变量分布服从 $N(0，\sigma^2)$，δ 为市场随机因素对广告收益的影响系数。

5.4.1.2 广告商收益函数

根据运营商给予广告承包商的广告收益分配配额，可得广告承包商的广告收入如下：

$$W_t^e = [Z_t(1 + k_e E_t) + \delta\theta](1 - \phi_t) \tag{5.14}$$

广告承包商通过改变努力程度 E_t 可以影响共享自行车系统广告的最终受益水平，同时，假设每个车站将会布置相同的广告，因此，可以将自行车系统看成一个整体，则广告承包商的努力成本为 $C_e(t) = \dfrac{\delta_e(E_t)^2}{2}$。

于是，广告承包商的实际收益如下所示：

$$R_t^a = [Z_t(1 + k_e E_t) + \delta\theta](1 - \phi_t) - cQ_t - \frac{1}{2}\delta_e(E_t)^2 - \frac{1}{2}\rho\delta^2(1 - \phi_t)^2\sigma^2 \tag{5.15}$$

式（5.15）的右边第一项表示广告承包商实际得到的收入，该收入是由广告实际收益乘以运营商制定的分配比例 ϕ_t 得到的；第二项表示广告承包商需要投入的广告制作成本总额（更换广告内容、灯光等，按每个站计算）；第三项表示广告承包商的努力成本；第四项表示随机因素引发的风险成本。

由于广告承包商的效用函数具有不变绝对风险规避特征，则广告承包商的效用函数为：

$$F_t^a = -e^{-\rho R_t^a} \tag{5.16}$$

5.4.1.3 运营商收益函数

运营商的收益主要来自政府补贴和系统内部效益外部化获得的收入，其中，运营商得到的来自政府的补贴和激励总和如下所示：

$$\begin{aligned} V_t^s = &\frac{(T - t)}{T}(S_g Q_{t+1} + S_0) + C_j Q_{t+1}\psi[1 - \gamma(t - B_p)/(T - B_p)] \\ &+ k_t\left(\frac{1 - e^{-\lambda M_t}}{1 - e^{-\lambda m_0}} - 1\right)S_g Q_{t+1} \end{aligned} \tag{5.17}$$

运营商外部效益内部化的收益包括广告收益和碳交易收益两个部分组成。

运营商的成本来自折旧和运营成本两个方面，成本总计为：

$$(1+\delta_m)^{M_t-1}(c_1Q_{t+1}+c_0)+C_jQ_{t+1}\psi$$

式中第一项表示假设服务水平为 1 是平衡状态（即既不增加也不减少），每提高一个服务等级，成本在原有基础上增加（$1+\delta_m$）倍，运营商的服务质量水平越高，则意味着将要投入更多的人力物力成本，并且随着自行车站点数量的增加，总运营成本也会随之增加。第二项表示运营商的折旧成本，这部分支出分别计提的是每个站分摊到每个周期的折旧成本。

此外，将共享自行车系统的碳减排量投入碳交易市场，把环境效益转化为内部经济效益，填补系统运营成本。计算公式如下：

$$V_t^c = rx_t\frac{L}{100}G\frac{z}{1000}\frac{p_c}{10000}\sum_{i-1}^{4}r_iR_i \tag{5.18}$$

其中，r 表示碳交易的成交比例，该成交比例取决于市场饱和度，世界碳交易发展水平和认可度，取值范围为［0，1］。由碳交易获得的资金收益由运营商所有，而剩余的 $1-r$ 部分的碳减排效益则归政府所有，即社会效益中的减排效益。

由此，共享自行车系统运营商的收益是由广告收入、碳交易收入和政府补贴减去提供服务的成本支出和折旧计提组成，则运营商收益函数如下所示：

$$F_t^m = W_t^a\phi_t + V_t^c + V_t^s - (1+\delta_m)^{M_t-1}(c_1Q_{t+1}+c_0) - C_jQ_{t+1}\psi \tag{5.19}$$

5.4.1.4 政府收益函数

对于政府来说，推广共享自行车系统与否的评价指标在于该项目是否获得了正向的社会效益。政府收益函数如下所示：

$$F_t^g = V_t^{jp} + V_t^{jn} + V_t^{Ac} + V_t^{jk} + V_t^{yl} + A_g - (1+\mu)(C_{input} + V_t^s) \tag{5.20}$$

其中，政府投入共享自行车项目获得的资产累计价值 A_s 为前期资产折旧和新添资产组成，表达式如下所示：

$$A_s = C_jQ_m + C_jQ_0T\psi \tag{5.21}$$

式中右边第一项为新添资产，第二项为原有资产折旧。政府的投入只包括新增部分，表达式如下所示：

$$C_{input} = U_tC_j \tag{5.22}$$

由上式可见共享自行车系统运行的社会效益主要包括：碳减排效益、节能效益、尾气污染治理效益、健康效益和运力替代效益五种。下面将分别介绍各种效益的估算方法：

（1）碳减排效益。

由于使用共享自行车出行是一种不会产生碳排放的出行方式，相对于其他机动车出行减少了碳排放量，因此，这种碳排放减少所产生的效益应该被考虑到共享自行车系统的社会效益中。又因为碳减排量中能够通过市场进行转化的部分收益已经由运营商获得，政府的社会效益为了不重复计提，则只计算碳减排量中没有实现交易的部分，如下所示：

$$V_t^{jp} = (1-r)x_t \frac{L}{100}G\frac{z}{1000}\frac{p_c}{10000}\sum_{i=1}^{4} r_i R_i \tag{5.23}$$

其中，$G\sum_{i=1}^{4} r_i R_i$ 表示共享自行车出行替代私家车、出租车、公交车、摩托车出行节约的汽油总量。

（2）节能效益。

由于机动车出行需要燃烧原油，而共享自行车出行则不需要消耗汽油，而汽油作为不可再生能源，应该尽量减少不必要的耗费，因此，由共享自行车的使用而减少的原油消耗将记为节能效益，计算公式如下所示：

$$V_t^{jn} = x_t \frac{L}{100}G\frac{p_{gas}}{10000}\sum_{i=1}^{4} r_i R_i \tag{5.24}$$

（3）尾气污染治理效益。

由于机动车在运行过程中，除了产生二氧化碳，还会产生许多硫化物、氮化物和粉尘等污染物，汽车尾气排入大气中对空气造成的危害是非常明显的。因此，利用共享自行车这种不产生废气排放的交通出行方式，将有利于减少由于机动车出行而产生的大气污染，计算公式如下所示：

$$V_t^{Ac} = x_t \frac{L}{100}G\frac{\nu}{1000}p_z\sum_{i=1}^{4} r_i R_i \tag{5.25}$$

（4）健康效益。

由于骑行共享自行车出行需要人力驱动，在骑行的过程中使用者全身都会得到一定程度的锻炼，如果将日常出行方式由不需要进行运动的机动车出行转化为进行适当运动的共享自行车出行，将会有效提高每日运动时间，从而使身体得到活动和锻炼。而经常参与锻炼的人群身体健康状况要明显优于缺乏运动的人群，因此，通过推广共享自行车项目，让更多缺乏运动的人变为经常运动的人，可以使这部分人的健康状况得到提升，减少大量的医疗开支，具体的健康效益估算如下所示：

$$V_t^{jk} = \frac{x_t}{n}\eta \frac{H}{10000} \sum_{i=1}^{4} R_i \tag{5.26}$$

其中，每人每年的平均医疗费用由历年的统计数据回归得到其随时间变化的规律如下所示：

$$H = h_1 y + h_2 \tag{5.27}$$

（5）运力替代效益。

随着共享自行车系统的广泛应用，民众接受度不断提高，系统规模效应的优势开始在短距离出行中显现，其中就包括有效减少公交车和出租车的客运压力及其投建需要的社会资源。换言之，即共享自行车系统的投入使用，能够有效节约购置公交车和出租车的资源投入，而这部分公交车和出租车的购置成本即为共享自行车的运力替代效益，具体计算公式如下所示：

$$V_t^{yl} = \frac{N_b \times C_b}{A_b \times \theta_b \times Y_b} + \frac{N_x \times C_x}{A_x \times \theta_x \times Y_x} \tag{5.28}$$

式中右边第一项和第二项分别表示共享自行车对公交车和出租车的替代效益。其中，共享自行车每年分担公交车和出租车的出行量 N_b 和 N_x 由式 $N_b = \overline{N} \times R_3$ 和 $N_x = \overline{N} \times R_2$ 求得。

5.4.2 投资建站最优决策模型

政府的投资建站策略是共享自行车系统建设发展中的关键决策，其对整个共享自行车系统的运营结果会产生极大影响。因此，有必要在保证运营商和广告承包商收益达到最低要求，同时考虑政府每个阶段最大投资额度（J_0）限制的前提下，求解政府最优新增投资决策序列，以从整体的角度，优化提升政府的管理决策水平。

投资建站策略是分阶段的动态变化决策序列，是随着运营周期的开展而调整改变的。为此，本章构建一个动态规划（DP）模型来求解政府投资建站最优决策，具体的模型如下：

（1）控制变量：U_t；

（2）状态变量：x_t，Y_t；

（3）状态转移方程：

$$x_{t+1}=x_t+\alpha^t p_q x_t+p_m x_t \tag{5.29}$$

$$Y_{t+1}=Y_t-U_t \tag{5.30}$$

（4）目标函数：

$$\begin{aligned}
&J_T^w(U,\ S)=\max\sum_{t=0}^{T}\{F_t^{a*}+F_t^{m*}+F_t^{g*}\}\\
&J_T^m(U,\ S)=\max\sum_{t=0}^{T}F_t^{m*}\\
&\text{s. t.}\quad F_t^{m*}>0\\
&\qquad\ \frac{R_t^{a*}}{W_t^e}>\omega_0\\
&\qquad\ C_{input}+V_t^s<J_o\\
&\qquad\ \sum_{t=0}^{T}(C_{input}+V_t^s)<J_{inv}
\end{aligned} \tag{5.31}$$

式（5.29）中的状态转移方程表示新一期的用户出行数量是基于上一期的状态和决策得到的，该公式的具体内容已在第 5.2.2.1 小节中进行了详细描述。式（5.30）中的状态转移方程表示在新一期需要建设的剩余站点数量（Y_{t+1}）是由上一期需要建设的剩余站点数量（Y_t）减去在该期新增建设的站点数量（U_t）求得。

在目标函数式（5.31）中，第一个等式的意义是使系统整体（即政府、运营商和广告承包商的收益之和）在整个运营期间（从 0 ~ T）最大化。由于运营商是共享自行车系统运营链条的关键参与方，其决定了系统最终的运营绩效水平，而政府和广告承包商只要能够获得他们所期望的利润便会愿意保持在共享自行车系统这个项目上的合作关系，因此，第二个等式的意义是使运营商在运营期间的收益最大化。针对以上目标函数的约束条件为：第一个约束表示运营商每一期的收益必须大于零。第二个约束表示每个阶段的广告承包商的毛利润必须大于其自己制定的保留毛利润。第一个约束和第二个约束能够确保运营商和广告承包商将不会因亏损而退出共享自行车系统的运营。第三个约束表示每一期政府的投资和补贴的总和必须小于政府在共享自行车项目上一个周期的财政支出最大值；第四个约束表示政府在整个运营期间的投资和补贴总和小于政府在共享自行车项目上能够支出的最大财政支出额。

第三个约束和第四个约束可以使得所提目标函数与现实更加吻合，因为任何政府的财政支出都是有一定限制和预算的。

由于该模型中的状态转移过程是随着阶段推移而改变的，因此我们将使用能够支持时序变化的算法来求解每一期的最优投资决策问题。而求解以上所提目标函数，即使是中小型规模的算例，可能都需要花费较长的时间。为求解本小节所提模型，并提升求解速度，本书将在第 6 章中提出与之相应的算法，并进行可视化实现。

5.4.3 最优决策变量

政府行为可通过调节决策系数（补贴系数、奖罚系数等）影响整个系统的运行效益。因此，为实现共享自行车系统的可持续发展，决策变量的取值至关重要。从而，在求得最优投资建站序列后，本小节还将求解最优决策变量，为政府和运营商的决策提供参考和借鉴，保障共享自行车系统的可持续运营。

全局性的决策变量以及对各变量具体内涵的描述如下：

（1）k_t 表示奖惩补贴的调节系数（政府制定）。奖惩补贴调节系数越大则说明政府奖励和惩罚的力度就越大，即运营商因服务质量超过既定标准则将获得较高的奖励补贴，而服务质量不达标时则要承担较大的惩罚。该决策变量的大小变化将直接影响到运营商的行为以及政府为运营商采取行为所需要承担的成本支出，对共享自行车系统最终的运营结果有较大影响，有必要进行全局优化求解，找到最优取值。

（2）B_p 表示共享自行车系统的建设周期（政府或运营商制定）。确定系统投资建设的周期数量，将有利于政府或者运营商进行项目规划设计，预先统筹安排相关事宜。

（3）γ 表示共享自行车折旧补贴保留系数（政府制定）。政府通过制定合理的共享自行车折旧补贴保留系数，可以调节对自行车补贴的力度大小。折旧补贴力度过大，虽然可以减轻运营商的运作压力，但会增加政府的财政支出，而补贴力度过小则会导致运营商入不敷出，缺乏运作积极性，影响系统合作关系的稳定性。所以，有必要搜寻最优取值，找到政府和运营商均满意的均衡点。

（4）m_0 表示奖惩临界服务水平（政府制定）。政府制定的服务水平既不能太低，不利于调动运营商努力提高服务水平的积极性，也不可过高，导致运营商经过努力也难以达到，总是受到惩罚。因此，需要寻找一个有一定激励力度又不至于太难达到的服务基准水平值。

（5）s_g 表示运营维护的单位补贴比例（政府制定）。政府通过对运营维护补贴比例的调整，可以直接影响运营商的直接补贴收入。政府有必要可以根据共享自行车系统所在地的实际运营条件数据的不同，制定相应的既能支持运营商提供服务，又能尽可能减少政府财政支出的补贴比例。

（6）π 表示广告承包商努力程度的激励力度（运营商制定）。运营商通过对激励力度的调节，可以直接影响到运营商承诺保障广告承包商最低利润率水平的设置。激励力度的最优值应该既能激励广告承包商努力提高广告收益，又能够维护运营商自身的支出水平。

以上决策变量的取值除了需要满足决策相关双方的利益诉求外，还要考虑对共享自行车系统全周期整体收益的影响，以及对单个周期内系统运营稳定性（各利益相关方满足最低期望收益，不结束合作关系）的影响，因此，有必要站在全局最优的角度对以上决策变量进行优化求解。为实现对多变量的优化求解，将运用全局迭代算法，先给定分析系数（例如 k_t）变化范围和步长，固定其他系数，按动态规划求出针对该变化序列的解序列，其中效益最大值为该系数最优解，并固定之。然后，以此类推，依次求其他决策变量的最优解。如此循环迭代直至全部系数值稳定为止。全局迭代算法求解过程的具体描述将在第 6 章中集中展示，本章就不再赘述。

5.5 本章小结

为适应共享自行车系统可持续运营的需要，本章提出了一个可持续收益优化决策模型。该模型首先充分考虑共享自行车系统各利益相关方的利益保障和相互间的合作约束，构建了利益相关方激励约束博弈模型，并对关键参数进行了求解。然后，构建了一个随周期变化的动态规划模型，在保障所有利益相关方最低期望收益的情况下，求解使得共享自行车系统全周期总体收益最大化的最优投资建站策略。最后，为给予政府和运营商决策指导，运用全局迭代算法求解关键决策变量的最优取值。

本章所提投资建站最优决策模型可通过深度优先搜寻算法求得动态规划模型的最优解，然而，由于求解速度太慢，不利于模型调整和实际应用，特在下一章中设计优化算法进行求解。最优决策变量的求解需要运用全局迭代算法，也将在下一章具体展示。此外，为有利于模型优化调整与实际应用，还将在下一章中开发可视化工具，对模型求解的输入和输出进行可视化实现。

| 第 6 章 |

可持续收益优化决策模型求解算法设计与实现

6.1 引　　言

求解第 5 章所提的共享自行车系统可持续收益优化决策模型的目标函数是一个分阶段动态规划问题。由于该模型状态转移过程与时序有关，因此不能采用常规方法求解（函数迭代法、策略迭代法等），目前没有现成的工具可利用，必须研究设计针对本书所提模型的专门算法进行求解。为利于应用于实际，还需提高所提模型的求解速度，因此本章根据模型求解特点设计了的变粒度—深度优先算法（variable granularity-depth first search，VG－DFS），并通过编程实现所提模型的求解。另外，为得到决策变量的最优值，将运用全局迭代算法进行求解。同时，为使模型和算法能够更便于实际应用，本章还开发了与之对应的简单易行的操作界面。此外，求解编程所涉及的主要程序也将在本章中进行展示。

6.2 变粒度深度优先算法

本书所提可持续收益优化决策模型虽然在理论上是可以通过深度优先算法搜索全部可能解决方案，最后找到最优投资决策序列。然而，由于模型所涉及的决策变量数量庞大，例如，计划投资1300个站点，运营周期为10年，则需要对大约$1300^{10}/2$个决策序列进行计算比较，从而，直接运用深度优先算法将导致计算量巨大，以至于计算速度极慢。实验表明，电脑配置CPU为酷睿I5处理器，完成一次深度优先算法需要2个小时以上，若要接下来完成一次全局迭代算法（下一节讨论），需要的时间将以百小时计，几乎失去实用意义。而其他优化算法经过仔细考虑，也不适用于本书所提模型的求解需求。例如，遗传算法也可以求得最优解，但染色体设计需要包含每个阶段决策信息，如果阶段较多（例如：10阶段），染色体会太长，迭代计算时间也将很长。又如，应用广度优先算法，会因为内存消耗太大而导致计算机崩溃。

基于此，本章提出一种基于深度优先的改进算法，即变粒度—深度优先算法（VG - DFS），来提升以上问题的求解速度。通过数值实验可以证明，本章所提的改进算法能够有效提升计算速度，运用电脑配置CPU酷睿I5处理器，完成一次全局迭代算法仅需要7分钟左右。

下面将详细介绍VG - DFS算法的运作原理：

步骤1：通过分组（如每100个为一组），将决策变量的可选集大幅度减少，这样可以采用深度优先算法较快求粗略的最优解，即策略变量取值是100的倍数。

步骤2：在粗略最优解附近的小范围内进一步细分（如20个为一组），将每阶段决策变量的搜索区间控制在较小范围内，同样可以较快求细化后的最优解，即它是20的倍数。

步骤3：重复步骤2，直至不能再细分为止（即每1个为一组）。

根据以上描述的算法运作原理，绘制如图6.1所示的算法运行流程图。

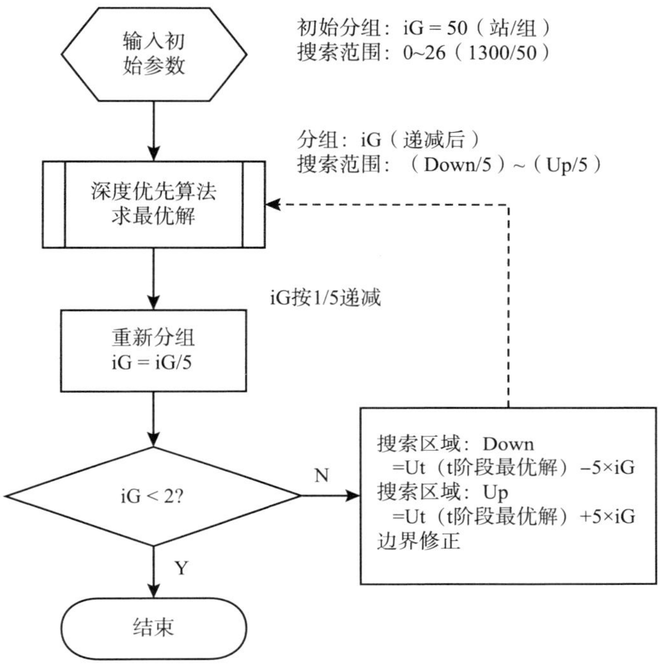

图 6.1　VG – DFS 算法流程

6.3　全局迭代算法

模型求解除需要求出各阶段站点投资的最优决策序列外，整个过程还需求解一些全局性的政策性决策变量（k_t，S_c，m_0，π，B_p，γ），这些决策变量虽然在整个动态规划过程是保持不变的，但显然，对他们的不同选择将对模型最优解发生影响。在本节中，将运用迭代方法求解上述模型的最优解决方案。算法流程如图 6.2 所示，其中，具体的求解过程描述如下：

步骤 1：确定全局决策变量初始值，确定决策变量的搜索范围和步长。

步骤 2：选取一个全局决策变量求解其最优值。求解时，除了等待求解的那一决策变量外，固定其他所有决策变量的值。在该决策变量的取值范围内，求代入每一个离散点的目标函数值（每一个离散点能够通过深度优先搜索算法求得一个最优站点投资决策序列，以及该投资方案对应的整个运营周期的系统整体收益值）。然后选择使目标函数最大化的离散点值替代初始值。

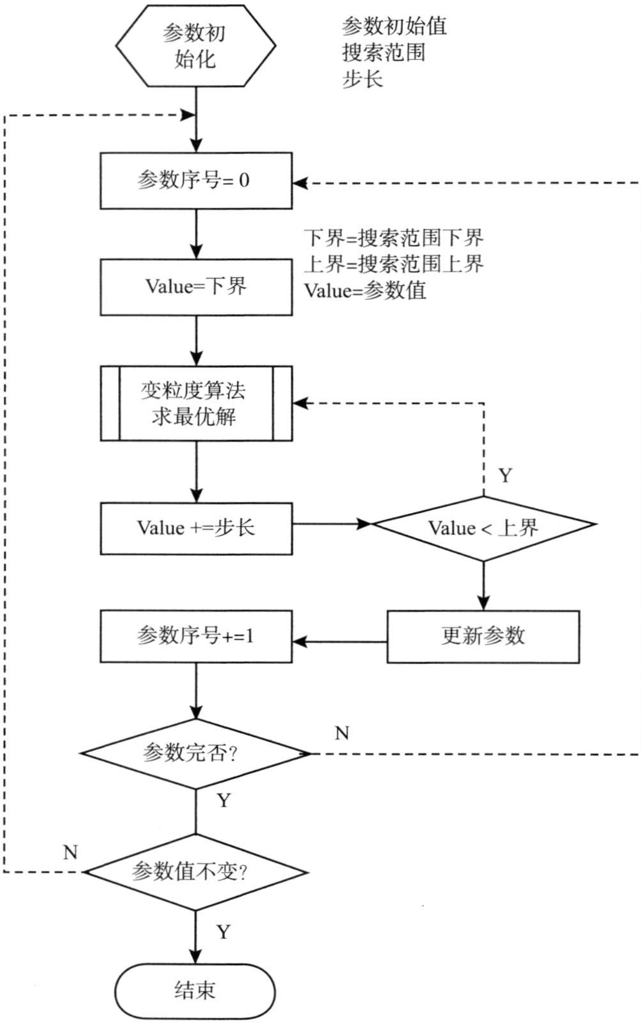

图 6.2　全局迭代算法流程

步骤 3：重复步骤 2，求解下一个全局决策变量的最优值，直到每一个决策变量都找到最优值为止。决策变量求解先后顺序对最终求解结果没有影响。

步骤 4：重复步骤 2 和步骤 3，直到所有决策变量的最优值在迭代中都保持不变。

6.4 算法实现

本节采用 Visual Studio 2010 开发环境，通过 C#语言编程实现算法的数值计算。Visual Studio 是目前最流行的 Windows 平台应用程序集成开发环境，可视化程度高。C#语言是完全面向对象的程序设计语言，它在继承 C 和 C ++ 强大功能的同时去掉了一些复杂特性，特别适合面向组件的程序设计。

6.4.1 操作界面设计

可视化的操作界面采用 Window 窗体风格，开发完成的操作界面如图 6.3 所示。

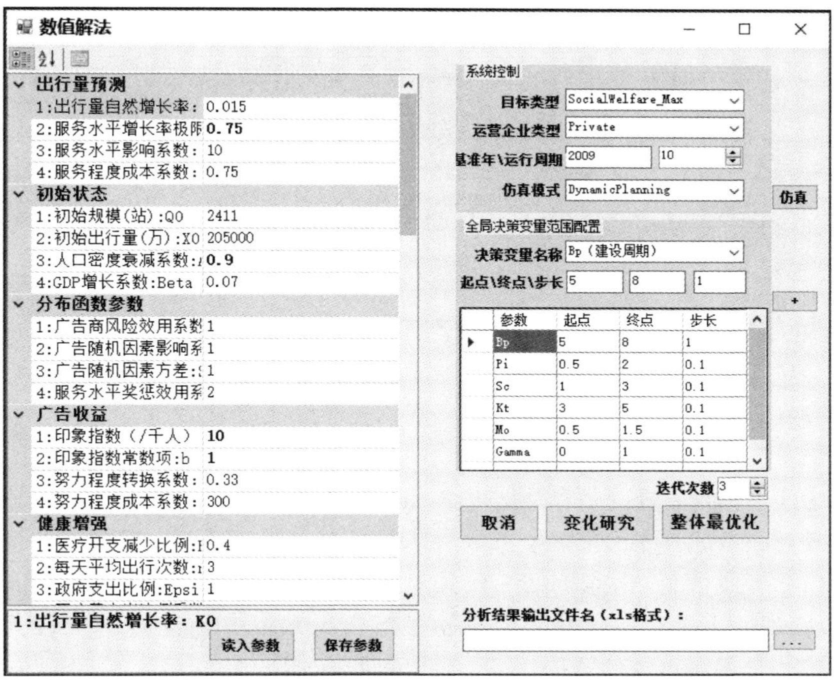

图 6.3 算法界面

其中，界面窗体（名称为“数值解法”）包括 PropertyGrid，DataGridView、ComBox、TextBox、Button 等控件，各控件作用在表 6.1 中具体展示。

表 6.1　　程序界面控件布局

控件类型		Name 属性	控件说明	备注
PropertyGrid		propertyGrid1	参数编辑属性表	
DataGridView		dataGridView1	全局决策变量取值范围	上届、下界、步长
决策变量取值控件	ComBox	cbxParameterName	全局决策变量名	参见表 6.2
	TextBox	txtFromValue	取值下界	
	TextBox	txtToValue	取值上界	
	TextBox	txtChangeStep	步长	
	Button	btnInsertHash	插入取值范围到列表	
系统控制	ComBox	cbxTargetType	优化目标类型	参见表 6.2
	ComBox	cbxEnterprise	企业类型	Public、Private
	ComBox	nudTy	运行周期	
	TextBox	txtBaseYear	基准年	
	ComBox	cbxModel	投资策略仿真模式	参见表 6.2
执行功能	Button	btnChangeAnalyst	变换研究	
	Button	btnOpt	整体最优化	
	Button	btnSimulation	仿真	
	Button	btnCancel	取消	
辅助功能	Button	btnSaveParameters	保存参数	
	Button	btnLoadParameters	读入参数	

6.4.2　程序功能设计

为便于分析发现问题和总结规律，C#还开发了系统仿真、全局决策变量变化分析和系统整体优化三个功能，各功能具体描述如下：

（1）系统仿真。按某种投资策略对系统整个阶段收益进行仿真计算，例如，动态规划仿真、递增仿真，递减仿真等，此功能作用是发现模型运行趋势。

（2）全局决策变量变化分析。此功能可指定全局决策名，以及相应的取值范围、步长（决策变量取值控件），通过计算生成该决策变量对系统收益的影响曲线（决策变量为横坐标，系统收益为纵坐标）。

（3）系统整体优化。执行全局迭代算法，获取个全局决策变量的最优解和最优投资决策序列（各阶段站点分配）。

为便于数值分析，程序设计支持可选决策变量、可选优化目标类型和可选投资仿真模式等，具体分解功能列表如表 6.2 所示。

表 6.2　　主要可选功能

可选全局决策变量	可选优化目标类型	可选投资策略仿真模式
Impress（印象指数） Qm（新增建设规模） Bp（建设周期） Pi（分配比例调节系数） Sc（补贴系数） Mo（服务水平临界值） Kt（奖惩倍率） Gamma（折旧保留系数）	GovernInput_Min （政府投入最优） GovernBenifit_Max （政府收益最优） SocialWelfare_Max （社会福利最大化） OverallRevenue_Max （整体收益最大化）	DynamicPlanning（动态规划） Descending（递减） Increasing（递增） Averaging（平均） Descending_Max（极大递减） Increasing_Max（极大递减）

6.4.3　算法编程

编程实现采用 C#完全面向对象开发语言，C#是运行于 Microsoft .NET Framework 之上的高级程序设计语言，需要安装 Microsoft .NET Framework 运行环境。本书中应用 C# 4.5 版本进行编程。

程序共编写 5 个功能模块，每个模块封装为一个类，具体的类名称与作用如表 6.3 所示。

表 6.3　　主要功能模块

类名称	作用
MainForm	用户界面和控制调度
SimulationCalculation	模型进程计算和效益评估计算
AdjacencyList	深度优先算法
ExcelHelper	Excel 表格操作
CExceptionLog	管理日志文件

整个程序编写代码 3500 行，其中核心代码约 2000 行（效益评估计、变粒度深度优先算法等），辅助代码约 1500 行（包括 Excel 输出、日志输出等），限于篇幅，本小节中仅列出核心源代码。

（1）变粒度深度优先算法函数编程代码。

变粒度深度优先算法函数在 MainForm 类中实现，源代码如下所示：

```
private void DBSF_Iteration(EnumTargetType tarTpe,TypeOfEnterprise etType,
            int T,int ig,int baseYear,int[ ]_DsArr,bool bPrint,string nvString)
{
//创建收益模拟操作对象
SimulationCalculation Simulate = null;
    Simulate = new SimulationCalculation(_Para,tarTpe,etType,T,
                            EnumAnalysisType. Analysis_Optimize);
Simulate. BaseYear = baseYear;

//计算运营商平均利润最小限制水平
int AvgProfit = (int)(_Para. Omega1 * (1 +0. 5f * _Para. Qm/_Para. Q0) +0. 5);
AvgProfit = (etType = = TypeOfEnterprise. Private)? AvgProfit:0;

//初始化深度优先操作对象
    AdjacencyList < IterateParameter > dbfs = new
                            AdjacencyList < IterateParameter >
                            (Simulate,T,_Para. Bp,AverageProfit,_Para. Ti);
dbfs. DsArr = _DsArr;
dbfs. iG = ig;

//深度优先计算
IterateParameter v = Simulate. CreateIterateParameter(nvString,ig);
    dbfs. DFS(v);

//分组站数按 1/5 递减
```

```
int_ig_ = ig/5;

//结果处理
ResultArray items = dbfs.get_IterateParameters();
for(int i = 0;i < items.Count;i ++)
{
IterateParameter ip = items[i];
if(_ig_ < 1)//记录迭代结果:
{
_Items.InsertByorder(ip);
if(_Items.Count > _OptNumber)
_Items.RemoveAt(0);
}
else
{
//建立当前最优解数据组
string[ ]strArr = ip._FT_String.Split(new char[2]{'-','-'},
                    StringSplitOptions.RemoveEmptyEntries);
int[ ]dsArr = new int[strArr.Length];
for(int j = 0;j < strArr.Length;j ++)
{
dsArr = int.Parse(strArr);
}

//递归计算
DBSF_Iteration(tarTpe,etType,T,_ig_,baseYear,dsArr,
                    bPrint,nvString);
}
}
}
```

(2) 深度优先算法函数。

深度优先算法函数在 AdjacencyList 类中实现，源代码如下所示：

```
/// < summary >
///AdjacencyList 类深度优先遍历函数
/// </summary >
/// < param node = "v" > 顶点 </param >
public void DFS( IterateParameter node)
{
if( node == null)
return;

//节点计数达到最大值,将停止计算
if( node. _Stage > = ( _StageMax - 1 ) )
    {
IterateParameter ip = _Simulate. CreateIterateParameter( node,node. _Yt,
                                numAnalysisType. Analysis_Optimize) ;
if( ip == null)
return;
//平均收益水平限制
if( ip. _Oper < _MinAverageProfit * _StageMax)
return;
//投资总量限制
if( ip. _Invest > _MaxInvestVolume)
return;
//目标函数最大
if( items. Count < _OptNumber || GreaterThan( ip,items[0] ) )
        {
//最后资产累积到总效益(以亿为单位),投资换算为亿单位
ip. _Pt = ( ip. _Pt + ip. _Assets)/10000. 0f;
ip. _Invest/ = 10000. 0f;
```

```
items. InsertByorder( ip) ;
//最多保留_OptNumber 个
if( items. Count > _OptNumber)
{
items. RemoveAt(0) ;
}
}
return;
}

//计算搜索范围
int down =0,up = node. _Yt;
if(! get_Boundary( node. _Stage,node. _Yt,ref down,ref up))
return;

    //建设周期控制,最后一年一次用完
if( node. _Stage > = ( this. _BuildCircle - 1))
down = node. _Yt;

    //顺搜索范围每个可选值继续向下搜索
    for( int i = down;i <= up;i ++ )
    {
        //创建迭代参数
IterateParameter ip = _Simulate. CreateIterateParameter( node,i,
                                EnumAnalysisType. Analysis_Optimize) ;
        DFS( ip) ;//递归调用
}
}
```

(3) 站点变量取值边界函数。

站点变量取值边界函数在 SimulationCalculation 类中实现，源代码如下所示：

```
public bool get_Boundary(int stage,int Yg,ref int down,ref int up)
{
//DsArr 为上次最优决策序列，第一次能运行_DsAr 为空。
if(_DsArr == null ||_DsArr.Length <=0)
return true;

int Yt = Yg * _iG_;
int Ut = _DsArr[stage];
int dx = _iG_ * 5;

up = Ut + dx;
down = Ut - dx;
up = (up >_SP.Qm)? _SP.Qm:up;
down = (down <0)? 0:down;
//无交集
if(down > Yt)
{
down =0;up =0;
return false;
}

if(up > Yt)up = Yt;

    //转换成组：
down/ =_iG_;
up/ =_iG_;
return true;
}
```

6.5 本章小结

深度优先搜索算法对于解决动态规划问题具有普适性，特别是具有多种约束条件的特殊动态规划问题更有效，约束越多算法越快（约束条件起到了剪枝作用）。但当决策变量可选值域非常大时，必须对其进行改进，否则运算时间太长失去实用性。为此，本章提出了 VG－DFS 算法，克服了普通深度优先算法速度慢的缺点，极大提升模型的求解速度，使全局迭代运行速度控制在几分钟之内，对可持续收益优化决策模型研究过程中的数值实验分析、模型验证与完善提供有力支持。

由于对具体问题而言，仅提出仿真模型还不够，还需要依靠有效的算法进行模型验证，甚至回过来促进模型修正和完善。为此，在本章还通过编程语言编程，开发实用工具，方便算法实现使用，为模型的实践提供了应用条件。

第7章 实证研究

7.1 引　言

在第5章和第6章提出的可持续收益优化决策模型、算法设计以及算法实现的基础上，本章将以杭州市共享自行车系统的实际运营数据为参数输入值，进行实证分析研究，以验证第5章所提模型的有效性和优越性，并为共享自行车的实际实施提供管理建议和政策指导。印象指数（I）的高低反映共享自行车系统所在地区的经济发展水平，系统需要建设的自行车站点总量（Q_m）反映共享自行车系统所在地区的人员密集度和地区规模。这两个参数指标能够反映出不同系统所在地的特质，因此，不同类型的系统能够根据自身情况，通过观察分析求解结果来选择适合本系统发展的最优决策。因此，本章还将探讨I和Q_m数值变化导致系统各参与者收益与最优决策的取值变化，以期为实践提供政策指导。

7.2 实证研究对象

近几年来，我国有很多城市都开始大力推广共享自行车项目，例如，上海、武汉、株洲、苏州、佛山等。杭州市共享自行车系统作为我国推行最早，且运营效果最优的系统，于 2011 年 9 月，被英国广播公司（BBC）评为“全球共享自行车服务最棒的城市”之一（其余城市为都柏林、巴黎、华盛顿、墨西哥城、伦敦、墨尔本和孟买）。此外，该系统还于 2013 年作为世界最大的共享自行车系统被美国媒体评为全球最好的 16 个地区公共自行车系统的第一名。

自 2008 年率先运行共享自行车项目以来，杭州市共享自行车系统经过多年的运营，已经成为越来越多百姓日常出行的交通工具，完全融入了百姓的日常生活。杭州市共享自行车系统以“政府主导 + 企业运作”为运营模式，由政府财政投资，完成先期建站、自行车等硬件和信息化系统等软件的采购，再由运营商提供运营管理，完成具体的车辆维护、调度和相关服务。杭州市政府为购置硬件和进行基础设施建设，为共享自行车系统首批投入了 1.5 亿元。随后，以招标的方式确定以采购价 400 元/辆的价格购入“飞鸽”牌自行车。此外，还建设了单位造价 22 万元的租车服务点，设有雨棚、自动锁止器和设备亭等。在整个共享自行车系统的筹备阶段，政府有关部门通力配合，特事特办，使得杭州市共享自行车交通服务有限公司迅速得以成立。此外，杭州市政府还联合公交、交警、街道社区和城管四个部门进行共同选点，以保证运营公司能够免费获得站点用地的使用权，并将初选站点利用互联网和报纸等传播手段进行公示，确保各站点的方便性和实用性。

杭州共享自行车系统现已拥有 3737 个自行车站点以及 85800 辆共享自行车。在该系统中，2016 年全年的自行车使用次数达 1.15 亿次，截至 2017 年 2 月，该系统自行车使用次数总量达 7.44 亿次。目前，该系统是世界上规模最大的共享自行车系统[133]。杭州共享自行车系统与世界上大多数共享自行车系统一样，也存在“潮汐”现象，且据不完全统计，该系统全天大部分时间都处于车辆分布不平衡的状态中。因此，杭州共享自行车系统的调度任务也十分艰巨。为此，杭州系统利用互联网技术和大数据，让整个系统的运行更为智能。例如，通过大数据和智能调度系统，后台统筹安排调度卡车的行车路径；又如，通过开发手机应用软件和微信，让用户可以随时查询周边站点车辆信息；对于车辆的维修，员工也可以通过手持智能终端来获取最新车辆状态信息。

此外，为更加方便用户使用，杭州共享自行车还开发了一些看起来更时尚的车型，例如，在西湖边，投放了一批蓝色山地车，深受“骑行族”青睐；并且，2017 年杭州同时加快“互联网 + 应用”的进程，进一步实现了“扫码租车”。

杭州市共享自行车系统作为我国共享自行车系统中的领跑者，在站点规划、车辆调度、资源利用和政府支持等方面都具有优越性，在碳交易和广告创收方面也担当了行业的测试员，获得了一定的成功经验。加之，杭州共享自行车系统运行过程中的车辆使用情况的相关数据以及运营收益相关数据也较为完整，并能够公开获取。因此，本章选取杭州市共享自行车系统为实证研究对象，收集相关数据，利用第 5 章所提共享自行车系统可持续收益优化决策模型，以及第 6 章设计的模型求解算法，进行实例分析，以期验证所提模型和算法的可行性和优越性。同时，利用杭州的真实数据作为基准，计算不同参数下的最优决策，以期为不同地区运行的共享自行车系统收益优化提供相应的理论指导和借鉴。

7.3 参数赋值与目标函数

在充分收集有关杭州共享自行车系统建设和运营数据后，本节通过经验假设、专家讨论以及实际数据收集[134,135]的方式，确定模型中各参数的赋值，如表 7.1 所示。然后，将赋值表的值输入到第 6 章设计的操作界面中对应的位置，进行计算准备。

杭州共享自行车是由杭州市公交车集团组建的杭州公交自行车交通服务发展有限公司专门建设，杭州市政府采取市场化运营的思维，一次性向杭州公交自行车交通服务发展有限公司支付造车费用和建设桩点费用，运营费用不再支出，而是规划批准自行建设广告牌和停车亭，让企业实现自我造血。

表 7.1　　算例赋值表

符号	赋值	符号	赋值	符号	赋值
N	10 年	J_0	35000 万元	r_1	1.0
S_c	1.7 万元/站	J_{inv}	250000 万元	r_2	1.0
S_0	30 万元	δ_e	300 万元	r_3	0.056
k_t	3.6	δ_m	0.75 万元	r_4	0.3
λ	2.0	c_0	10 万元	r	0.15
m_0	0.8	c_1	2.5 万元/站	p_g	6 元/升
C_j	30 万元	μ	0.25	v	11.82 千克
ψ	0.1	Q_0	2411	p_z	0.25 万元/吨
γ	0.0	Q_m	1200	n	3
T	5 年	α	0.9	η	0.4
ω_0	0.07	k_0	0.015	h_a	284.53
π	1.5	k_m	0.75	h_b	570426
β	0.07	d	10	C_b	60 万元
I	10 万元	L	3.5 千米	C_x	15 万元
b	1 万元	G	9 升/百公里	Y_b	10 年
k_e	0.33	z	2.3 千克	Y_x	10 年
δ	1.0	p_c	35 元/吨	A_b	30 人/次
ρ	1.0	R_1	0.052	A_x	2 人/次
σ	1.0	R_2	0.068	θ_b	10 次/天
c	0.5 万元	R_3	0.238	θ_x	30 次/天
R_m^p	200 万元	R_4	0.027	x_0	205000 次

杭州市共享自行车交通服务发展有限公司作为杭州市公交集团下属的一家全资子公司，统一负责杭州市共享自行车交通系统的建设、营运和服务管理。对于杭州共享自行车系统运营商这种由政府投资兴建并掌握主导地位，运营商为私营性质的共享自行车系统，其决策目标是社会福利最大化的前提下，保障运营商获得保留收益以及随系统增大而产生的收益增长。在杭州共享自行车系统运营模式背景下，以第 5 章所提模型为基础，设计适用于杭州公交

自行车交通服务发展有限公司的目标函数，如式（7.1）所示。其中，第一约束为运营商每年的收益至少要大于其保留收益，第二约束为运营商在整个运营周期中的总收益平均值要大于系统站点数量的平均增长率。由于随着系统的不断扩大，运营商的经营规模也随之增大，由此带来的运营难度和所需的资源投入都不断增加，因此需要按规模增大比例提高运营商的保留利润率，以保证运营商的参与积极性，从而确保共享自行车系统的稳定、可持续发展。第三约束至第五约束的意义与原模型公式（5.31）保持一致，此处不再赘述。

$$
\begin{aligned}
& J_T^w(U,\ S) = \max \sum_{t=0}^{T} \{F_t^{a*} + F_t^{m*} + F_t^{g*}\} \\
\text{s.t.}\quad & F_t^{m*} > R_m^p \\
& \frac{\sum_{t=0}^{T} F_t^{m*}}{T} > R_m^p\left(1 + \frac{Q_m}{2Q_0}\right) \\
& \frac{R_t^{a*}}{W_t^e} > \omega_0 \\
& C_{input} + V_t^s < J_o \\
& \sum_{t=0}^{T} (C_{input} + V_t^s) < J_{inv}
\end{aligned} \tag{7.1}
$$

7.4 实证分析

7.4.1 模拟与实际数据对比分析

本小节将本书所提模型的数值模拟运行结果与现实数据进行对比分析，以验证模型的有效性。其中，实际运行数据来自杭州共享自行车系统，该数据反映了系统在现存经济环境和没有运用本书所提运营优化决策辅助下的发展趋势。用户出行量数据是反映共享自行车系统运营效果和公众认可度的关键指标，同时也是决策模型各项计算的关键变量；广告收益是反映共享自行车系统运营商自我造血能力的关键指标，广告收益的多寡直接影响系统可持续运营的潜力。因此，本小节主要考察用户出行量和广告收益的实际数据[136]随时间变化的趋势与数值模拟结果的拟合度，以此评估和验证所提模型的可行性和优越性。

图 7.1 展示了共享自行车系统广告收益的实际和数值模拟数据随时间变化的趋势。杭州共享自行车系统的广告经营权交易政策是每隔 5 年进行一次招标，第一次招标是拍卖了系统 2011 ~ 2015 年的广告经营权，第二次招标是拍卖了系统 2016 ~ 2020 年的广告经营权。在其广告经营权转让合同中，指出承包费用每年要乘以一个固定的增长率。由于本书所提模型预测得到的模拟数据是来自最优运营策略下的广告收益，求解过程是连续的，并无二次招标的情况。因此，数值模拟得到的广告收益数据较实际数据更为连续而陡峭。尽管如此，纵观 10 年的广告收益总和，实际广告收益总和为 38490 万元，数值模拟广告收益总和为 38456 万元，差值仅占总和平均额的 0.09%，并可得实际与数值模拟数据的拟合优度为 0.917，由此证明模拟数据与实际数据的拟合度较高。

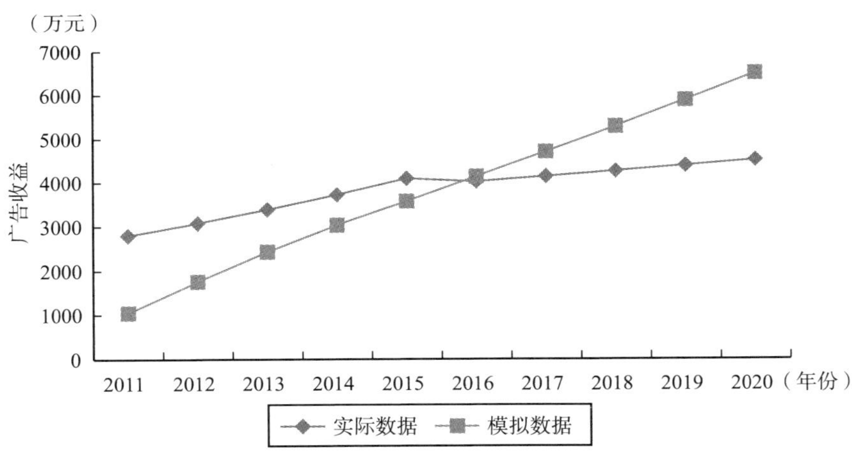

图 7.1　广告收益的实际数据与数值模拟数据的比较（$I=10$）

图 7.2 展示了共享自行车系统用户出行量的实际与数值模拟数据随时间变化的趋势。由图中可以观察到两条曲线的变化趋势和数值均十分相似，通过计算可得实际与数值模拟数据的拟合优度为 0.985，证明共享自行车系统用户出行量的模拟数据与实际数据的拟合度非常高。需要注意的是，由于目

前收集到的数据只到2016年，故2017～2020年用户出行量的实际数据是通过对其2011～2016年的数据进行回归分析预测得到的，故实际数据的变化曲线在后半期呈现出线性增长的趋势。

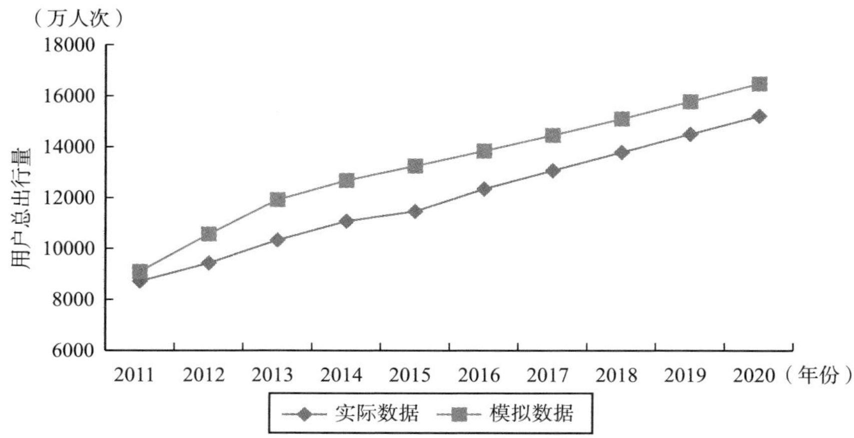

图7.2　用户总出行量的实际数据与数值模拟数据的比较（$I=10$）

杭州共享自行车系统是世界上最成功的共享自行车项目之一，而模拟数据的结果与之相近，则可证明本书所提可持续收益优化决策模型具有可行性和优越性，可为共享自行车系统或者类似系统提供运营决策指导。

7.4.2　模型整体优化分析

由于印象指数值能够反映用户在看到广告后产生购买行为的可能性大小，而这种购买行为的可能性大小又受到购买能力的影响，且一个地区民众的购买能力受到该地区发展水平的影响，因此，印象指数值也受到地区经济水平的影响。从而，经济发展水平越高的地区，将会具有越高的印象指数值。

本小节根据印象指数值的变化，对整体优化下的决策变量以及关键参数进行比较分析，以得出对处于不同地区的共享自行车系统利益相关者的决策指导建议。在不同印象指数的情况下，最优投资策略及各决策变量和关键指标的变化情况，如表7.2所示。

表 7.2　　印象指数 I 的变化对系统关键指标的影响（$Q_m=1200$）

I	B_p	γ	M_0	k_t	S_g	π	$\sum_{t=0}^{T}(C_{input}+V_t^s)$	$J_T^w(U,S)$	U_t
10	5	0	0.8	3.6	1.7	1.5	24.95029	21.99345	415 - 366 - 328 - 91 - 0 - 0
11	5	0	0.8	3.5	1.6	1.6	24.27146	22.99605	432 - 383 - 342 - 43 - 0 - 0
12	5	0.2	0.8	3.8	1.6	1.6	24.16695	23.88050	424 - 374 - 332 - 70 - 0 - 0
13	5	0.3	0.8	3.8	1.5	1.6	23.34533	24.81318	439 - 388 - 347 - 26 - 0 - 0
14	5	0.5	0.8	4.9	1.3	1.6	23.00542	25.91724	443 - 390 - 348 - 19 - 0 - 0
15	5	0.6	0.8	6.2	1.1	1.6	22.73715	26.97418	451 - 396 - 352 - 1 - 0 - 0

分析表 7.2 可知：

共享自行车系统的最优建设周期 B_p 均为 5 年，说明印象指数变化对建设周期的影响不大。

由政府制定的共享自行车折旧补贴保留系数 γ 的最优决策值随着印象指数值的增大而增大，这表明由于印象指数的增大广告收益明显增加，政府在共享自行车系统中的最优投入量将随之降低，从而最优折旧补贴呈现出退坡的状态。

运营商的服务水平标准 M_0 在印象指数 10～15 期间均为 0.8，只有当印象指数为 18 时，才增加为 0.9。这表明约束运营商的服务水平保持在一个较高水准是共享自行车系统的最优决策，同时，越是经济发达的地区，越应该提出更高的要求。这是因为充足的系统收益能够为服务水平提升提供保障，而越高的服务水平自然也回馈给系统越优越的运营绩效（由于我国杭州市的国内生产总值水平已处于全国前十的地位，其印象指数为 10，故本小节着重分析印象指数 10～15 状态下指标变化）。

奖励补贴调整系数 k_t 随着印象指数的增大而明显提高，这意味着当共享自行车系统处于经济较发达地区时，则需要更大的激励与惩罚强度来实现系统最大收益。因为当广告收益非常可观时，如果政府对运营商服务水平的奖惩强度不足，则会导致运营商为自身利益最大化而降低运营投入，以致降低服务水平。

由政府制定的运营维护的单位补贴比例 S_g 随着印象指数的增大而显著减小，这表明广告收益的增加可以明显减轻政府在共享自行车系统运营维护方面的资金投入压力。

运营商对广告承包商努力程度的激励力度 π 在印象指数大于等于 11 后则不随印象指数的变化而有所改变，这表明在本章所提运营商收益最大化的目标下，只要广告承包商的努力程度达到既定水平，则广告收益的剩余价值为运营商所有，相对应的最优激励力度就不会随着印象指数的改变而改变。

政府在共享自行车系统整个运营周期的总投资 $\sum_{t=0}^{T}(C_{input}+V_t^s)$ 随着印象指数值的增大而减小。

共享自行车系统在整个运营周期的总体收益 $J_T^w(U, S)$ 为正向收益，并随着印象指数的增大而增加，说明本书所提模型能够使得共享自行车系统在不同印象指数的情况下实现收支平衡，甚至在经济发达地区能够获得可观投资回报。

最优建站投资策略 U_t 在不同印象指数取值条件下均为尽可能多地在运营初期投建站点，然后再逐年递减，可通过观察图 7.3 更直观和清晰的观察和比较这一结论。这表明共享自行车系统为获得最优收益，就需要快速形成规模经济效应，通过自行车使用量的显著增加带动内部效益的显著提升，从而为外部化转化提供基础。

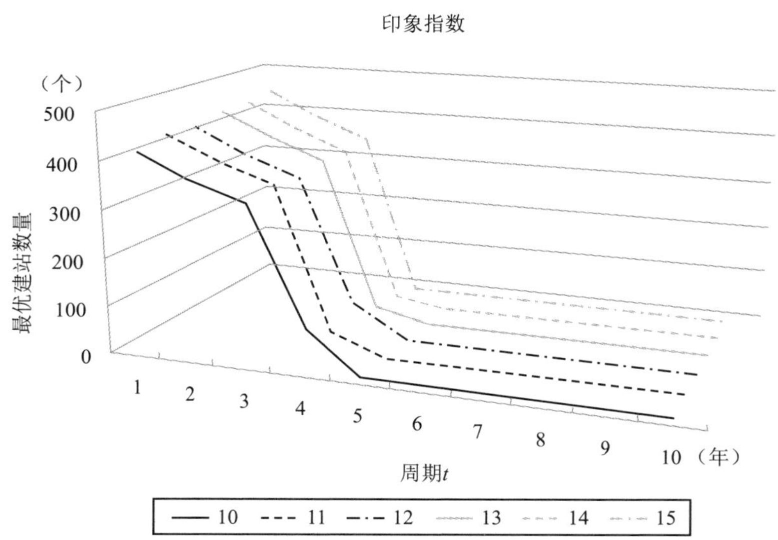

图 7.3　不同印象指数对每期最优投资建站数量的影响

由于建站规模能够反映共享自行车系统所在地的受众规模和地域区间大小，因此在不同建站规模的地区建设共享自行车系统的最优决策也有所不同，当地共享自行车系统负责人有必要针对当地特点进行决策分析。本小节将根据建站规模的变化，对整体优化下的决策变量以及关键参数进行比较分析，以得出对处于不同地区的共享自行车系统利益相关者决策的指导建议。在不同建站规模情况下最优投资策略及各决策变量和关键指标的变化情况如表 7.3 所示。

表 7.3　　建站规模 Q_m 的变化对系统关键指标的影响（$I=10$）

Q_m	B_p	γ	M_0	k_t	S_g	π	$\sum_{t=0}^{T}(C_{input}+V_t^s)$	$J_T^w(U,S)$	U_t
800	5	0.1	0.8	5.0	1.6	1.8	22.87874	21.92195	389 - 340 - 71 - 0 - 0 - 0
900	5	0.2	0.8	5.4	1.6	1.7	24.06788	22.01418	378 - 329 - 193 - 0 - 0 - 0
1000	5	0.1	0.8	5.1	1.6	1.7	24.74785	22.15816	386 - 337 - 277 - 0 - 0 - 0
1100	5	0.0	0.8	3.7	1.7	1.6	24.33646	22.03727	412 - 363 - 325 - 0 - 0 - 0
1200	5	0.0	0.8	3.6	1.7	1.5	24.95029	21.99345	415 - 366 - 328 - 91 - 0 - 0

分析表 7.3 可知：

共享自行车系统的最优建设周期 B_p 均为 5 年，说明建站规模变化对建设周期的影响不大。

由政府制定的共享自行车折旧补贴保留系数 γ 的最优决策值在建站规模为 900 时取得最大值 0.2，随着建站规模的增大，γ 的最优决策值趋于 0，表明建站规模越大越需要政府在折旧补贴方面给予足够的支持，否则将运营商将难以维系系统运营开销，而当建站规模较小的时候，由于出行量和广告收益受到规模小的影响，收入十分有限，也需要政府在折旧补贴上给予尽可能多的支持，以维系正常运营。

运营商的服务水平标准 M_0 在建站规模 800 ~ 1200 之间均为 0.8，这表明约束运营商的服务水平保持在一个较高水准是共享自行车系统的最优决策，不因为建站规模的改变而改变。

奖励补贴调整系数 k_t 在建站规模为 900 时达到最大值 5.4，这表明随着建站规模不断扩大，政府对运营商服务水平的奖惩强度应该适度降低，否则运营商会由于系统扩大导致的运营难度提升，而无法达到服务水平要求，从而受到过于严重的惩罚，加剧运营负担。

由政府制定的运营维护的单位补贴比例 S_g 随着运营规模的增大而略微增大，这表明系统规模的增大需要运营商投入更多的资源完成运营工作，从而政府在共享自行车系统运营维护方面的资金投入压力也随之增大。

运营商对广告承包商努力程度的激励力度 π 随着投资规模的增大而逐渐减小，这表明建站规模扩大带来的出行量增长能够有效促进广告承包商的努力水平增长，从而提升了广告商的整体效益，于是为增加运营商收益水平以填补规模扩大带来的运营压力，运营商此时对广告承包商的激励力度则可以适度降低，只要让广告承包商的收益维持在保留水平即可。

政府在共享自行车系统整个运营周期的总投资 $\sum_{t=0}^{T}(C_{input}+V_t^s)$ 随着投资规模的增大而增大。

共享自行车系统在整个运营周期的总体收益 $J_T^w(U, S)$ 均为正向收益，说明本书所提模型能够使得共享自行车系统在不同的建站规模下实现收支平衡。

最优建站投资策略 U_t 在不同建站规模下均为尽可能多地在运营初期投建站点，然后再逐年递减，可通过观察图 7.4 能更直观和清晰的观察和比较这一

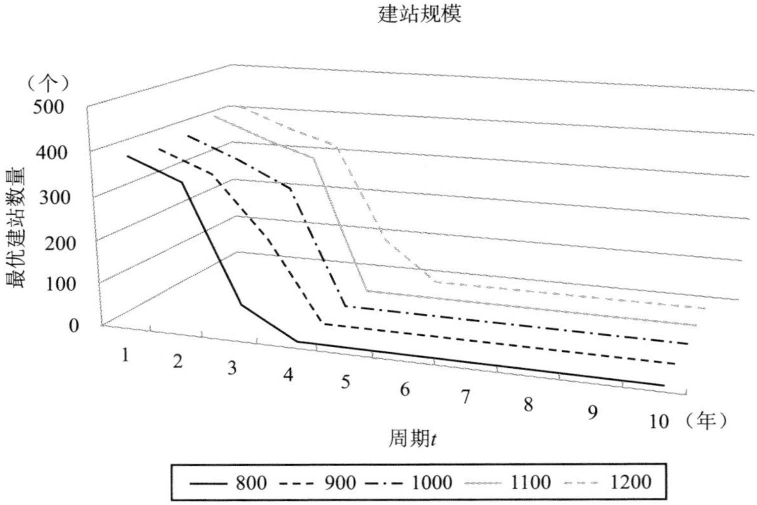

图 7.4　不同建站规模对每期最优投资建站数量的影响

结论。这表明共享自行车系统为实现可持续发展，需要快速形成规模经济效应，通过自行车使用量的显著增加带动内部效益的显著提升，从而为外部化转化提供基础。

7.4.3 模型参数变化分析

在第 5.4 节中介绍的可持续收益优化决策模型的目标函数是在保证各参与方收益水平大于期望值的情况下，实现系统总体收益（社会福利）最大化，同时考虑运营商为营利组织，追求收益最大化，以及政府的财政支出受到年度和项目总体支出的限额约束。该目标函数为符合杭州共享自行车系统实际情况所构建的，同时也符合诸多具有相似性质与合作关系的共享自行车系统。本小节将探讨 I 和 Q_m 的数值变化导致系统各参与者收益与最优决策的取值变化，以期为实践提供政策指导。将参数赋值和目标函数要求输入第 6 章中所设计的操作界面后，可得数值分析表 7.4 和表 7.5。

表 7.4　　印象指数 I 的参数变化分析表（$Q_m=1200$）

印象指数	周期	广告商收益（万元）	运营商收益（万元）	政府收益（万元）	广告收入（万元）	广告收入分配系数	运营商努力程度	运营商服务水平	单位周期建站数量（个）
10	1	437	422	-23404	3037	0.35	1.46	1.15	415
	2	636	528	-19834	4322	0.42	1.75	1.15	366
	3	880	500	-16448	5620	0.45	2.04	1.15	328
	4	1193	518	-3532	6985	0.46	2.34	1.15	91
	5	1307	481	3222	7793	0.49	2.44	1.15	0
	6	1307	413	6094	8342	0.52	2.44	1.15	0
	7	1307	350	9084	8896	0.55	2.44	1.15	0
	8	1307	297	12198	9460	0.58	2.44	1.15	0
	9	1307	259	15443	10038	0.60	2.44	1.15	0
	10	1307	238	18827	10634	0.62	2.44	1.15	0

续表

印象指数	周期	广告商收益（万元）	运营商收益（万元）	政府收益（万元）	广告收入（万元）	广告收入分配系数	运营商努力程度	运营商服务水平	单位周期建站数量（个）
12	1	437	1029	-23404	3644	0.46	1.46	1.15	415
	2	636	1392	-19834	5186	0.52	1.75	1.15	366
	3	880	1624	-16448	6744	0.54	2.04	1.15	328
	4	1193	1915	-3532	8382	0.55	2.34	1.15	91
	5	1307	2039	3222	9352	0.57	2.44	1.15	0
	6	1307	2081	6094	10010	0.60	2.44	1.15	0
	7	1307	2129	9084	10675	0.62	2.44	1.15	0
	8	1307	2189	12198	11351	0.65	2.44	1.15	0
	9	1307	2266	15443	12045	0.67	2.44	1.15	0
	10	1307	2364	18827	12760	0.69	2.44	1.15	0
14	1	437	1637	-23404	4251	0.54	1.46	1.15	415
	2	636	2256	-19834	6050	0.59	1.75	1.15	366
	3	880	2747	-16448	7868	0.61	2.04	1.15	328
	4	1193	3311	-3532	9778	0.61	2.34	1.15	91
	5	1307	3597	3222	10910	0.63	2.44	1.15	0
	6	1307	3749	6094	11678	0.66	2.44	1.15	0
	7	1307	3907	9084	12453	0.68	2.44	1.15	0
	8	1307	4080	12198	13243	0.70	2.44	1.15	0
	9	1307	4273	15443	14052	0.71	2.44	1.15	0
	10	1307	4490	18827	14886	0.73	2.44	1.15	0
16	1	437	2244	-23404	4858	0.60	1.46	1.15	415
	2	636	3120	-19834	6914	0.64	1.75	1.15	366
	3	880	3871	-16448	8992	0.66	2.04	1.15	328
	4	1194	4708	-3532	11175	0.66	2.34	1.15	91
	5	1307	5155	3222	12468	0.68	2.44	1.15	0
	6	1307	5417	6094	13346	0.70	2.44	1.15	0

续表

印象指数	周期	广告商收益（万元）	运营商收益（万元）	政府收益（万元）	广告收入（万元）	广告收入分配系数	运营商努力程度	运营商服务水平	单位周期建站数量（个）
16	7	1307	5686	9084	14232	0. 72	2. 44	1. 15	0
	8	1307	5972	12198	15134	0. 74	2. 44	1. 15	0
	9	1307	6280	15443	16059	0. 75	2. 44	1. 15	0
	10	1307	6617	18827	17012	0. 76	2. 44	1. 15	0
18	1	437	2851	-23404	5465	0. 64	1. 46	1. 15	415
	2	636	3984	-19834	7778	0. 68	1. 75	1. 15	366
	3	880	4995	-16448	10115	0. 69	2. 04	1. 15	328
	4	1194	6104	-3532	12572	0. 70	2. 34	1. 15	91
	5	1307	6714	3222	14027	0. 71	2. 44	1. 15	0
	6	1307	7085	6094	15014	0. 73	2. 44	1. 15	0
	7	1307	7465	9084	16011	0. 75	2. 44	1. 15	0
	8	1307	7863	12198	17026	0. 76	2. 44	1. 15	0
	9	1307	8287	15443	18067	0. 78	2. 44	1. 15	0
	10	1307	8743	18827	19139	0. 79	2. 44	1. 15	0
20	1	437	3458	-23404	6073	0. 68	1. 46	1. 15	415
	2	636	4848	-19834	8642	0. 71	1. 75	1. 15	366
	3	880	6119	-16448	11239	0. 72	2. 04	1. 15	328
	4	1194	7501	-3532	13968	0. 73	2. 34	1. 15	91
	5	1307	8272	3222	15585	0. 74	2. 44	1. 15	0
	6	1307	8753	6094	16683	0. 76	2. 44	1. 15	0
	7	1307	9243	9084	17790	0. 77	2. 44	1. 15	0
	8	1307	9755	12198	18917	0. 79	2. 44	1. 15	0
	9	1307	10294	15443	20074	0. 80	2. 44	1. 15	0
	10	1307	10869	18827	21265	0. 81	2. 44	1. 15	0

表 7.5　Q_m 参数变化分析表（$I=10$）

建站规模（个）	周期	广告商收益（万元）	运营商收益（万元）	政府收益（万元）	广告收入（万元）	广告收入分配系数	运营商努力程度	运营商服务水平	单位周期建站数量（个）
900	1	437	422	-23404	3037	0.35	1.46	1.15	415
	2	636	528	-19834	4322	0.42	1.75	1.15	366
	3	880	621	-6697	5620	0.45	2.04	1.15	119
	4	980	618	1048	6408	0.48	2.14	1.15	0
	5	980	542	3618	6897	0.52	2.14	1.15	0
	6	980	462	6292	7383	0.55	2.14	1.15	0
	7	980	386	9076	7873	0.58	2.14	1.15	0
	8	980	320	11977	8372	0.60	2.14	1.15	0
	9	980	266	15000	8883	0.63	2.14	1.15	0
	10	980	227	18153	9410	0.65	2.14	1.15	0
1000	1	437	422	-23404	3037	0.35	1.46	1.15	415
	2	636	528	-19834	4322	0.42	1.75	1.15	366
	3	880	563	-11363	5620	0.45	2.04	1.15	219
	4	1075	606	879	6676	0.47	2.23	1.15	0
	5	1075	534	3513	7186	0.51	2.23	1.15	0
	6	1075	457	6255	7692	0.54	2.23	1.15	0
	7	1075	385	9110	8203	0.57	2.23	1.15	0
	8	1075	322	12084	8723	0.60	2.23	1.15	0
	9	1075	273	15183	9256	0.62	2.23	1.15	0
	10	1075	239	18414	9805	0.64	2.23	1.15	0
1100	1	437	422	-23404	3037	0.35	1.46	1.15	415
	2	636	528	-19834	4322	0.42	1.75	1.15	366
	3	880	505	-16028	5620	0.45	2.04	1.15	319
	4	1183	588	709	6959	0.46	2.33	1.15	0
	5	1183	520	3409	7490	0.50	2.33	1.15	0
	6	1183	448	6219	8018	0.53	2.33	1.15	0

续表

建站规模（个）	周期	广告商收益（万元）	运营商收益（万元）	政府收益（万元）	广告收入（万元）	广告收入分配系数	运营商努力程度	运营商服务水平	单位周期建站数量（个）
1100	7	1183	380	9144	8550	0.56	2.33	1.15	0
	8	1183	323	12190	9092	0.59	2.33	1.15	0
	9	1183	279	15366	9647	0.61	2.33	1.15	0
	10	1183	252	18676	10220	0.63	2.33	1.15	0
1200	1	437	422	-23404	3037	0.35	1.46	1.15	415
	2	636	528	-19834	4322	0.42	1.75	1.15	366
	3	880	500	-16448	5620	0.45	2.04	1.15	328
	4	1193	518	-3532	6985	0.46	2.34	1.15	91
	5	1307	481	3222	7793	0.49	2.44	1.15	0
	6	1307	413	6094	8342	0.52	2.44	1.15	0
	7	1307	350	9084	8896	0.55	2.44	1.15	0
	8	1307	297	12198	9460	0.58	2.44	1.15	0
	9	1307	259	15443	10038	0.60	2.44	1.15	0
	10	1307	238	18827	10634	0.62	2.44	1.15	0

对表 7.4 进行分析可得，在同一印象指数中，随着运营周期的推进，广告商收益呈现逐期增长的趋势，10 个周期结束时的收益总额为 10988 万元。而当印象指数逐渐增大时，广告商的收益不随之改变。运营商收益则除了 $I=10$ 时略有波动，当 $I>10$ 时，运营商的收益在同一印象指数中随运营周期推进的变化趋势是逐期明显递增，如图 7.5 所示。政府收益在同一印象指数中呈现出逐期增长的趋势，但前 4 个周期的收益为负值，直到第 5 个周期开始转亏为盈，实现正盈利，到 10 个周期结束时收益总额为正数，为 1649 万元，且不随印象指数增大而改变。在同一印象指数内，广告收入随着运营周期的推进而逐期显著增长，随着印象指数的增大，广告收入也随之总体增加。如模型所描述，为保证运营商收益的稳固提升，广告收入分配系数与广告收入的变化趋势相同，即同印象指数逐期增长且随印象指数增长而整体提升。运营商的努力程度在同一印象指数中的变化趋势是前 4 个周期逐期

显著提升，至第 5 个周期后保持 2. 44 不再改变，且此变化趋势和取值不随印象指数的增大而改变。运营商的服务水平不随周期推进和印象指数的变化而改变，一直保持 1. 15 的水平。单位周期投资建站数量随着周期推进而逐期减少，变化趋势和取值不随印象指数增加而改变。

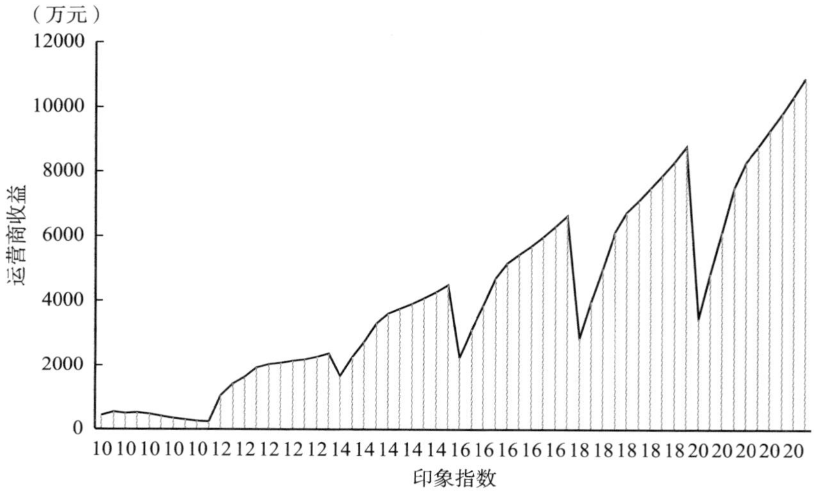

图 7. 5　运营商随运营周期及印象指数变化的趋势

对表 7. 5 进行分析可得，随着建站总数的增大，直接致使广告收入提升，从而使得广告承包商、运营商和政府的收益增加，同时运营商的努力程度也随之显著提高，而运营商的广告收益分配系数则呈现出小幅度减少的趋势，如图 7. 6 所示。在相同建站总数情况下，随着建设周期的推进，除运营商服务水平不变和政府投入逐期减少以外，社会经济效益、政府资产累计和政府补贴都呈现出逐年增加的态势。投资建站量的最优决策是随着建设周期的进程退坡建站。

综上分析，“政府主导 + 公私合营”性质的共享自行车系统，在经济越发达地区收益表现越突出，各指标均随着印象指数的增加而增加，并且在印象指数不变的建设周期内，也呈现出逐期增长的态势。然而，运营商对广告承包商激励力度的增大，则会在一定程度上影响运营商和政府的收益水平。同时，规模越大的共享自行车系统由于广告收入的显著提升，拉动了广告承

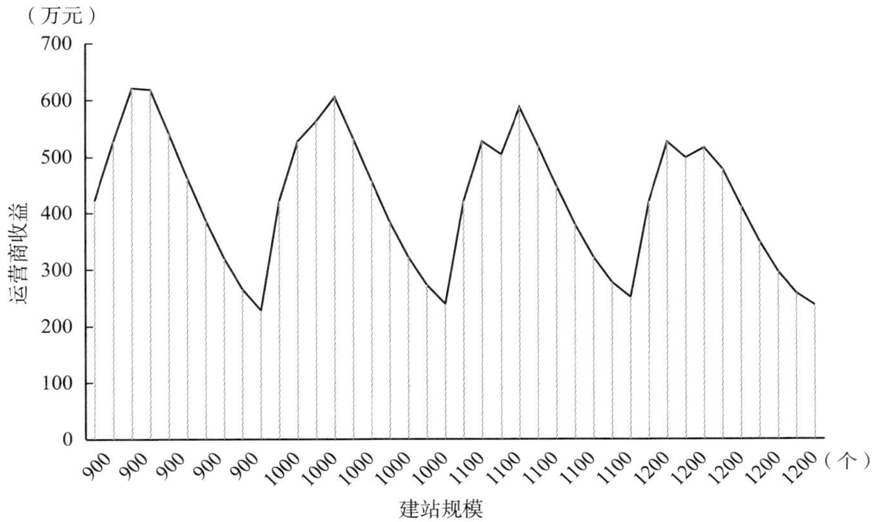

图 7.6　运营商随运营周期及建站规模变化的趋势

包商、运营商及政府收益的提升，同时也有效刺激运营商提升其努力程度。由此可见，拥有较丰富广告资源的大中型经济发达地区的共享自行车系统更适合政企合作的运营模式，而小城市发展共享自行车系统则需要当地政府做好投入大量补贴的准备，或开发其他适合当地实际情况的运营模式实现可持续运营。

7.5　本章小结

本章首先阐述了杭州市共享自行车系统的概况，指出由于该系统的各项运营指标均名列我国乃至世界前茅，具有明显的先进性，同时各时期的运营关键数据较为完整和公开化，适合进行实证研究。然后，通过将所收集数据输入模型实现系统界面中，得出实际与数值模拟出行量和广告收益 2011 ~ 2020 年的对比分析数据。据分析比较可得实际与数值模拟出行量和广告收益数据的拟合度表现俱佳，证明所提模型具有可行性和优越性，能够为共享自行车系统的运营决策提供有效指导和建议。随后，为给不同地区的共享自行车系统提供运营决策参考，本章中又分别对印象指数和系统规模两个关键参数进行整体优化分析。分析结果表明在共享自行车系统内部执行适当的合作机制和运营决策时，将有潜力实现收支平衡，甚至是获取可观收益，尤其是当系统所在地具有相对较高国内生产总值的情况下。而最优投资策略为在运营初期尽可能投资建站，然后再逐年退坡投资。此外，在经济发达地区的共享自行车系统与经济欠发达地区相比，具有较低的单位最优运营补贴额和较高的最优奖惩力度系数。最后，为给不同地区的共享自行车系统提供收益优化参考，本章还分别对印象指数和系统规模两个关键参数进行参数变化分析。分析结果表明“政府主导+公私合营”性质的共享自行车系统，在经济越发达地区收益表现越突出，同时，规模越大的共享自行车系统由于广告收入的显著提升，拉动了广告承包商、运营商及政府收益的提升，同时也有效刺激运营商提升其努力程度。

总而言之，在可持续发展的视角下，投资建设共享自行车系统能够获得可观的正向收益，因此是十分有必要的。第5章所提出的运营优化模型能够有助于提升系统总体决策水平，在使得系统各利益相关方均获得期望收益的情况下，实现收支平衡。但由于共享自行车系统所在地的现实条件不同，需要根据当地特殊情况进行有针对性的分析，调整决策模型的输入数据，得出适应当地环境的运营决策，方能实现可持续运营的目标。

第8章 结　论

8.1 研究总结

共享自行车系统作为一种新兴的公共交通，在获得广大民众认可的同时，也面临着严重收支不平衡问题。由于共享自行车系统获利渠道有限，运营费用高昂，使得政府在补贴共享自行车系统运营成本方面承担了沉重的财政压力。而财政压力导致的资金不足又使得运营商不得不通过降低服务质量来节约开支，由此导致系统运营低效而不可持续。为应对以上亟待解决的问题，在兼顾公益性和经济性的前提下实现可持续运营，本书以“政府主导+企业合作”运营模式下的共享自行车系统为研究对象，在考虑政府补贴与监管情况下，针对如何充分利用系统自身资源优化系统收益的问题，从系统外部效益内部化、降低运营成本和提升系统管理决策水平的角度进行了较深入的分析与研究，得到以下结论：

（1）共享自行车这种无碳排放出行方式的推出，能够有效降低交通出行产生的碳排放量。为实现系统外部效益内部化，将使用共享自行车产生的碳减排量投入碳交易市场，是获取收益的有效途径。而碳交易的实现需要先期的资金与人力投入，从而政府对运营商开展碳交易的推动作用尤为重要。在考虑出行者环境保护意识水平与碳交易价格影响的情况下，通过对比分析无碳交易、自愿碳交易、碳配额补贴和自愿碳交易结合碳配额补贴四种策略下，政府和运营商的最优收益，可知自愿碳交易与碳配额补贴相结合的策略在政府和运营商收益及系统出行量等方面的表现均为最优，是使共享自行车系统各利益相关方均获利的政企合作模式。

（2）共享自行车系统的车流存在明显的单向性，为应对车辆不平衡流动，通常采用的高频次、高难度卡车重调度，使得系统调度成本居高不下，往往占总运营成本的50%左右。为有效降低系统的调度成本，从用户角度出发，通过实施激励通勤用户避开高峰出行，刺激休闲用户协助运营商调度的双向调度激励策略，将是一条有效途径。研究表明，政府通过补贴运营商实施双向调度激励策略，将能有效缓解系统再平衡调度压力，并使得政府和运营商的收益均获得提升。此外，在考虑用户价格敏感度的情况下，比较不同政府补贴模式，可知政府补贴实施双向激励策略的模式在经济发达地区最为适用，运营商独立实施双向激励策略的模式则在发展中的大中型城市地区最为适用，而政府直接补贴采取逆峰出行行为用户的策略在小型或旅游城市最为适用。

（3）共享自行车系统的可持续运营需要由政府、运营商和广告承包商三者组成的运营链能够高效稳定的合作，而在实际运作中，由于运作链三方相互之间缺乏建立合理的激励约束机制，往往容易出现由于一方退出合作关系，导致系统以失败告终的状况。此外，由于缺少科学的测算与指导，三方的运营决策难以站在整体的角度保证系统运营收益达到最优状态，确保系统实现收支平衡。因此，为保持与维护共享自行车系统运作链的稳定和可持续发展，在考虑利益相关方激励约束条件下，建立系统可持续收益优化决策模型，求解关键决策的最优值指导实际运营，是解决以上难题的方法。通过实际与模拟数值数据对比分析，可验证收益优化决策模型的可行性和优越性，同时证明共享自行车系统在经济较发达地区，通过高效合理的运作管理可以完全实现收支平衡，且最优的投资策略为尽可能多的在运营期初投资建站，随后逐期递减。

（4）由于本书所提出的共享自行车系统可持续收益优化决策模型的求解具有时序性，且计算规模较大，为便于实际应用，本书还提出变粒度—深度优先算法使得计算速度大幅提高。同时，为进一步展示模型的实际应用效果，本书还通过编程语言编程，开发可视化界面，使模型求解更具有可操作性，为模型的广泛应用奠定了实践基础。

综上所述，本书探索了考虑政府参与的共享自行车系统碳交易创收策略和双向调度激励的最优实施模式，以及系统利益相关方之间的激励约束合作模型，并在此基础上构建了系统可持续收益优化决策模型。针对模型特点，本书还开发算法和可操作求解界面，实例数据验证模型的可行性和优越性。根据本书研究成果所提的相应政策和管理建议，为实现可持续视角下的共享自行车系统收益优化，提供了理论和实践的指导和参考。

8.2 进一步研究工作展望

共享自行车系统是近几年管理科学与运筹领域的热点研究问题，本书针对该系统的收益优化与政府补贴问题进行了较为深入的研究，取得了一定研究成果。但由于受到数据资料和个人能力的限制，本书仍不可避免地存在许多不足。通过认真思考与总结，得出以下几个方面还有待进一步深入研究与探索：

（1）共享自行车系统政府补贴策略的制定是一个系统工程，需要考虑多方面影响，包括政策制定与执行成本、可行性与可操作性、实施时机选择、利益相关方的博弈等。本书仅考虑了理想状态下不同碳交易模式下的补贴策略选择，还应在接下来的研究中进一步加强与实践结合的紧密度，全面考虑地域经济发展差异，城市交通特点和碳交易市场对共享自行车系统认可度等多方面的综合影响。

（2）通过调动用户参与的积极性，减轻共享自行车系统重调度压力的方式，正在得到越来越多学术界以及运营商的广泛关注，本书所提双向调度激励模型能够为运营实践提供有益指导。然而，价格敏感度和时间价值的影响，在用户出行行为选择和系统运营模式设计中都起到至关重要的作用。本书受到能力限制，只着重考虑了价格敏感度的影响，在下一步的研究中，应把以上两个关键因素结合起来考虑，这将使模型与实际情况更为契合。

（3）从系统整体以及整个生命周期的角度考虑共享自行车系统的收益决策，将有利于系统通过一段时间的运作形成规模，实现可持续运营，而不是被一些短视的决策和运营目标所制约。本书所提模型正是从这一角度出发进行设计和求解，但是所提模型只针对运营模式为“政府主导＋运营商合作”的共享自行车系统，而在世界许多国家还存在着由广告承包商主导、运营商主导等运营模式的共享自行车系统。因此，在未来的研究中，应当不断探索提高模型的灵活性与适应性，使其能够适应不同运营模式下不同目标函数的求解，提高模型的普适性。

（4）随着信息技术与 GPS 定位系统等科技的不断进步与发展，共享自行车系统也随之产生着新的调整与变革。近期兴起的无桩共享单车通过移动互联与 GPS 定位相结合，实现了自行车可任意停放的便民服务。该无桩系统无须投入修建自行车站点，极大地降低了共享自行车系统建设的准入门槛。而完善的信息化服务，又在提高用户体验的同时，为系统调度优化提供了准确而完整的大数据来源。但由于随意停放导致的停放地点零散等问题，给运营商的重调度提出了更大的挑战。因此，针对无桩自行车系统调度优化问题的研究将成为下一阶段的热点和难点。同时，比较无桩共享单车与本书研究的共享自行车系统在收益方面的异同，提炼其中的共性，将有利于构建更具有普适性的收益优化方法。因此，针对无桩共享单车的特点进行收益优化，也将是未来值得研究的又一课题。

在接下来的研究工作中，笔者会在本书的基础上，针对目前所提收益优化方法的不足之处进行优化，争取实现进一步的完善和提升。此外，面对新时期共享自行车系统在盈利模式、调度方法、合作方式和运营目标等方面的新变化，还应在下一阶段开展具有针对性的研究与探索。为此，将笔者近期后续研究的阶段性成果附于书后附录 A 和附录 B 中，供读者参考和借鉴。笔者将在未来的科研工作中，紧追时代发展的步伐，从实践中寻找亟待解决和具有实际意义的研究课题，力求实现学术研究与企业实践紧密结合的研究目标。

| 附录 A |

我国共享自行车发展现状、问题及对策*

A.1 引言

本研究主要从共享自行车的发展阶段、共享自行车的研究与政策梳理、共享自行车的现存问题和共享自行车的发展建议四个方面介绍了共享自行车的相关研究与发展现状。在研究与政策梳理部分，分别从文献、政策和报道三个维度，梳理了共享自行车的相关资料。其中，文献从研究内容、文献数量和文献列表进行梳理；政策从政策内容、发布数量和发布地区三个方面进行梳理；报道从报道内容、报道数量和报道列表三个方面进行梳理。根据共享自行车现有资料的梳理，本研究总结得出当前共享自行车的现存问题主要集中在停放乱象、盈利难、服务质量低下和公共配套不完善四个方面，并给出了针对性的完善建议。

A.2 共享自行车的发展历程

共享自行车的发展主要经历如表 A.1 所示的三个阶段。第一阶段，2007 ~ 2010 年，共享自行车发展启蒙期，该时期内兴起于国外的公共自行车模式开始引进我国，主要运营模式为政府主导的有桩自行车，该阶段的自行车也俗称公共自行车。第二阶段，2010 ~ 2018 年，共享自行车快速发展期，其中又分为发展初期、鼎盛期和衰退期三个小阶段。共享自行车发展初期，即 2010 ~ 2014 年，在此期间，专门经营自行车共享市场的企业开始涌现，但仍以政府主导

* 特别感谢刘杨等对本章研究课题的不懈努力和辛苦付出。

投资兴建的有桩自行车为主。共享自行车发展鼎盛期，即2014～2017年，在此期间，随着移动互联网的快速发展，以小黄车ofo为首的互联网共享自行车应运而生，无桩自行车凭借其便利性快速取代有桩自行车，大量民间资本涌入无桩共享自行车行业，迎来30余家企业混战的共享自行车黄金时代。共享自行车衰退期，即2017～2018年，在此期间，共享自行车投放过量，供过于求，引发政府监管的强制介入，众多共享自行车企业清算倒闭。第三阶段，2018年至今，共享自行车进入了平稳期，在此期间，由于资本退潮、民众热度降温和进入门槛提高等因素的共同作用，共享自行车市场趋于理性，走向稳步发展。

表 A.1　　共享自行车的发展历程

阶段	发展时期	模式	时期
第一阶段	发展启蒙期	政府主导的有桩自行车	2007～2010年
第二阶段	发展初期	政府、企业主导的有桩自行车	2010～2014年
	发展鼎盛期	企业主导的无桩自行车	2014～2017年
	发展衰退期	企业主导的无桩自行车	2017～2018年
第三阶段	发展平稳期	企业主导的无桩自行车	2018年至今

其中，在发展鼎盛期，相继出现了将近30种共享自行车的品牌，包括永安行（2010年）、小鸣单车（2016年）、小蓝单车（2016年）、悟空单车（2016年）、智享单车（2016年）、北京公共自行车（2012年）、骑点单车（2016年）、奇奇出行（2016年）、西西单车（2016年）、7号电单车（2017年）、町町单车（2016年）、3Vbike（2015年）、黑鸟单车（2016年）、哈罗单车（2016年）、酷骑单车（2016年）、1步单车（2016年）、优拜单车（2016年）、小鹿单车（2016年）、小白单车（2016年）、快兔出行（2016年）、摩拜单车（2016年）、ofo单车（2014年）等等。由此可见，在发展中期，大部分自行车企业出现在2014～2016年阶段，尤其集中在2016年。而该时期，共享自行车的融资吸引力十分突出，摩拜单车经过了多轮融资，其中E轮融资达6亿美元。ofo经历了多轮融资，其中，D轮融资4.5亿美元、E轮融资7亿美元和E2－1轮融资8.66亿美元。

在发展衰退期，许多共享自行车相继宣布破产清算。2017年6月，悟空单车和 3Vbike 破产清算；2017 年 8 月，町町单车破产清算；2017 年 9 月，酷骑单车破产清算；2017 年 10 月，小鹿单车倒闭停止运营；2017 年 11 月，小蓝单车和小鸣单车倒闭；2018 年 2 月，1 号单车倒闭；2018 年 5 月，小鸣单车破产清算。此外，其他较小的共享自行车企业在 2017 年间，大部分均难逃破产命运。截至 2019 年初，国内共享自行车市场已形成了摩拜单车、哈罗单车、青桔单车和 ofo 单车四强争霸的态势。

由此可见，在我国共享自行车十余年短暂的发展历程中，经历了政府投资、民间资本热捧和资本快速退潮三个跌宕起伏的过程，变化速度迅猛，令业界和学术界应接不暇。共享自行车发展至今已逐渐趋于稳定，而在快速发展期和稳定期内出现的理论研究、政策法规和相关报道能够为今后的研究提供启示和借鉴。

A.3 共享自行车的相关研究与政策梳理

A.3.1 共享自行车相关文献梳理

通过对 2017 ~2019 年现有文献的梳理，可以了解学术界目前对共享自行车的重点关注课题。如图 A.1 和表 A.2 所示，在共享自行车相关的研究中，

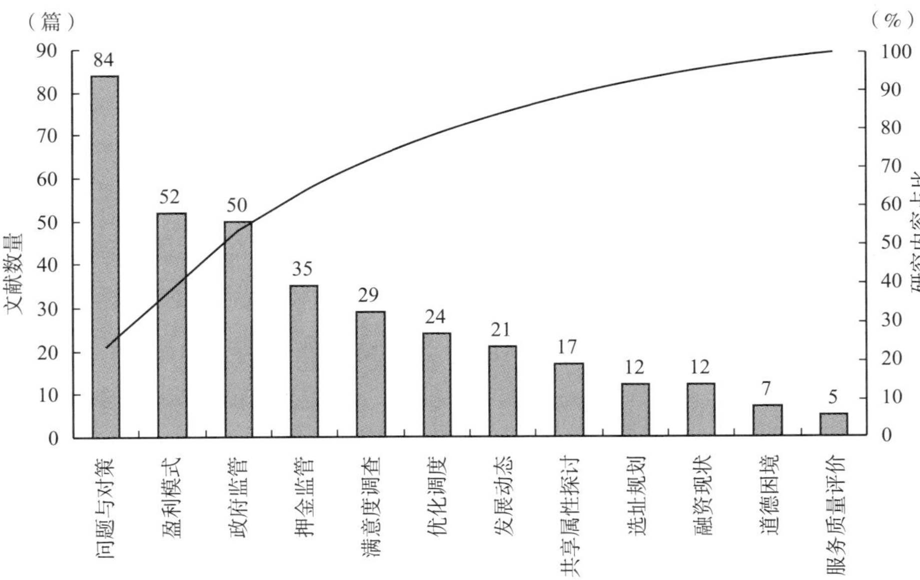

图 A.1 共享自行车相关文献内容占比排列

问题与对策占比最大，占到总文献数量的22%，占比紧随其后的盈利模式、政府监管、押金监管、满意度调查和优化调度，也是共享自行车领域的重点课题。由此可见，学术界对我国共享自行车行业研究的发力点在运营优化、盈利模式和政府监管三个方面，因此，未来研究可以围绕这三个重点展开。

表 A.2　　共享自行车相关文献梳理

研究内容	文献数量	文献列表
优化调度	24	潘媛媛等[137]；钦海[138]；宋婉璐和盛玉刚[139]；周龙雨等[140]；张建翔等[141]；陶永虎等[142]；王浩等[143]；王嘉薇等[144]；余思[145]；郭海富等[146]；夏芸等[147]；张陌尘等[148]；吕晓萌等[149]；卢琰[150]；杨凤仪等[151]；叶锦程和胡骥[152]；高楹等[153]；朱闯等[154]；杨珈惠等[155]；黄敏[156]；张若菡和何颖[157]；秦培钧等[158]；刘喜梅和潘立君[159]；柳志坤[160]
选址规划	12	潘媛媛[137]；肖磊等[161]；索源[162]；李振辉[163]；史豫坤[164]；叶锦程和胡骥[152]；徐国勋等[165]；周建高[166]；杨鑫徤[167]；邓力凡等[168]；何雄[169]；黄敏[156]
发展新动态	21	郭全中[170]；郭鹏等[171]；无[172]；赵江涛[173]；杨鑫徤[167]；马凌云[174]；刘晓东[175]；郑金凤等[176]；何涛[177]；黄婷婷[178]；陈圣辉[179]；于洪[180]；於铉等[181]；史迪超等[182]；周扬[183]；程斌[184]；杨誉彬，黄望林[185]；王泽溪[186]；何谦等[187]；郝雅立等[188]；周良凤[189]
盈利模式、商业模式探讨、会计核算	52	岳会玉等[190]；郭师绪[191]；曾洗石[192]；郭建明[193]；常家瑞[194]；王潇等[195]；王建刚[196]；唐力力[197]；葛文静[198]；吴君翊[199]；苏柏彰[200]；赖磊和姜农娟[201]；戴建兵[202]；王翠和桂丽[203]；屠西伟[204]；王晓媛[205]；钱婷婷和陈翊[206]；无[207]；王思倩[208]；王沿[209]；王源麟[210]；潘敬萍[211]；周芬和胡成玉[212]；黄婉韬[213]；薄建奎等[214]；郭黎霞[215]；王作飞和宋云雁[216]；肖磊等[161]；吕天雄[217]；冉鹏[218]；金凡律和吴满琳[219]；成东申和陈薇薇[220]；成昱霖[221]；肖智星[222]；王唯和鲁朝云[223]；王蔚哲[224]；王敏[225]；谢思凡[226]；王慧君，朱建明[227]；肖智星[228]；屈亚萍和窦巧[229]；梁婉珊等[230]；史岳灵等[231]；任怡然[232]；陆宇和王娅婷[233]；周子晗[234]；杨玉国[235]；魏静[236]；白皓文[237]；董中发[238]；刘秀光和刘辛元[239]
满意度调查	29	薛强[240]；周思萌[241]；张俊英[242]；黄国青和和陈雪[243]；闫亚鸥和张杨柳[244]；徐云琴和叶春明[245]；方磐[246]；陈子豪等[247]；张蕾[248]；梁希和程婷婷[249]；宋明蕊[250]；周小珺等[251]；肖风桢和莫嘉卫[252]；左雪娇[253]；黄铄菁等[254]；杨留花和诸大建[255]；李甜和苏成成[256]；张赞赞[257]；白志炜[258]；葛超逸[259]；黄金梅[260]；郭星光[261]；郭星光和江长斌[262]；刘俊朋等[263]；王爽英和李玮吉[264]；周超等[265]；徐竞潇[266]；冯彦铭和姚显记[267]；袁晓芳等[268]

续表

研究内容	文献数量	文献列表
融资现状	12	杜壮[269]；侯长海[270]；王尧禹[271]；刘贺和刘盼[272]；李可好[273]；尚磊[274]；梁倚天[275]；张月武和杨羽佳[276]；王金艳[277]；肖芝红[278]；卢志飞和葛薇等[279]；肖岳[280]
发展现状与问题、发展对策和预期	84	王法[281]；余佳[282]；李嘉莹等[283]；杨思思[284]；周鲜子[285]；丁诺舟[286]；王茜[287]；谭袁[288]；张泽华等[289]；白豪斌[290]；刘濮瑞[291]；董文姝[292]；余国磊[293]；袁梦阳[294]；白婉莹[295]；徐广[296]；张敏[297]；梁亚等[298]；张子轩和吴蔚[299]；孟超慧[300]；Huyen[301]；王利君[302]；胡凤杰和魏兆锋[303]；李靖辉和王如雪[304]；李丹[305]；朱富强[306]；丁怠友等[307]；苏明[308]；边晓宇[309]；张倩雯[310]；黄开顺[311]；童晗和黎宇[312]；张旖昕[313]；张筱聆和刘扬诗书[314]；胡源棣[315]；周梦[316]；王文晶[317]；陶向敏等[318]；唐钰淇[319]；王振鹏[320]；王香君[321]；徐惠芳[322]；高婷婷[323]；王佳和马阿佳[324]；曾晶晶[325]；李乔侨[326]；潘敬萍[211]；张馨月和蔡沁雨[327]；张亦凡[328]；修悦和刘忠强[329]；盛世喆[330]；孙丽娟和赵建业[331]；张雨宁和严捷[332]；孙迎坤等[333]；胡涵[334]；刘汝亭和张祖荣[335]；朱琳琳[336]；李佳怡[337]；李立辉等[338]；宋晓宇等[339]；邓朝阳等[340]；王如雪[341]；舒钰铭等[342]；赵培羽[343]；王菁菁[344]；王海燕[345]；张凌等[346]；陶蕾[347]；徐媛和韩小丽[348]；秦红耀和梁秦桥[349]；周梦柯[350]；陈尧俊等[351]；宋扬扬[352]；吴仰婷等[353]；王家宝等[354]；徐佳淳[355]；赵仕琦等[356]；陈浪等[357]；刘翠莲等[358]；王玉梅[359]；徐思雅[360]；涂丹[361]；赵若羽[362]
道德困境	7	黄凤娟[363]；王光荣[364]；鲁婷[365]；王永红和敦志昊[366]；童晗和黎宇[312]；樊吉惠芝等[367]；刘秀光和刘辛元[239]
政府监管与协同治理	50	吴学安[368]；李英锋[369]；郭鹏等[171]；余佳[282]；李立娟[370]；郝真旎[371]；谭波[372]；张婷[373]；秦铮和王钦[374]；马骁和王晓珊[375]；王利君[302]；李梅[376]；姜宁等[377]；赵凯琦和李格雅[378]；马光炎和高丽爽[379]；王爽磊和孙璐[380]；贺靖舒[381]；王瑞丰[382]；苏浩然[383]；熊珺[384]；邓凯[385]；孟凡坤和易航宇[386]；陈一鸣[387]；孙晨凯等[388]；陈思羽[389]；张一进和张金松[390]；李颖[391]；张润民[392]；吴迪[393]；姚群娇和谢媛[394]；金晶和卞思佳[395]；陈晨[396]；宋扬扬和王胜本[397]；陈燕玲和于江磊[398]；杨誉彬和黄望林[185]；赵明明[399]；翁士洪[400]；明晨[401]；李修齐[402]；李卓霖[403]；卢德[404]；黄金[405]；李鹏飞[406]；毛方强等[407]；李雨洋[408]；刘星宇和邸岩[409]；冷向明和郭淑云[410]；许炜等[411]；李卿逸等[412]；曾敏慧等[413]
共享属性探讨	17	银昕[414]；潘影等[415]；邱淳锵[416]；杨鑫倢[167]；屠晓杰[417]；李连成[418]；曹雪柠[419]；李艳[420]；刘亚楠[421]；鲁婷[365]；叶丹蕾[422]；吴沐暄等[423]；何涛[177]；王道健[424]；程斌[184]；梁婉珊等[230]；王玉梅[359]
服务质量评价	5	刘洋等[425]；徐云琴和叶春明[245]；谭淼[426]；方磬[246]；葛超逸[259]

续表

研究内容	文献数量	文献列表
押金监管及问题	35	徐宏[427]；宋佳儒[428]；王传薇和田雨[429]；邓大鸣和李子建[430]；刘静辉等[431]；吴沐暄等[423]；李子建[432]；廖子瑜[433]；赵桂华[434]；阚丽丽[435]；付小为[436]；张颖[437]；罗浩亮[438]；丁纯楷[439]；母波[440]；邓子实[441]；夏新竹[442]；晁晓燕[443]；冯丽媛[444]；彭芳[445]；张叶琳[446]；袁浩捷[447]；贾志良[448]；张艺凝[449]；张凯和魏哲南[450]；刘田鑫[451]；钱玉文和吴炯[452]；肖智星[453]；谢欣睿等[454]；徐琰等[455]；岳廷芸等[456]；薛浩[457]；王雪[458]；王丽聪[459]；王林和戴学锋[460]

由于本研究主要研究我国共享自行车的发展现状和相关文献资料，所以文献主要来自中文文献，加之，涉及中国共享自行车问题的外文文献数量极少，故不在本研究中一一列举。

A. 3. 2 共享自行车相关政策梳理

自从民间资本投资无桩共享自行车以来，由于发展过于迅猛，导致问题层出不穷，给政府监管提出了快速响应和包容创新的高要求。各地政府也在国家总体方针下，根据各市现实情况，按照“一市一政策”的指导思想，因地制宜地制定各地的共享自行车监管政策。本小节通过整理全国 2017 ~ 2019 年的相关政策，得出图 A. 2 和表 A. 3。

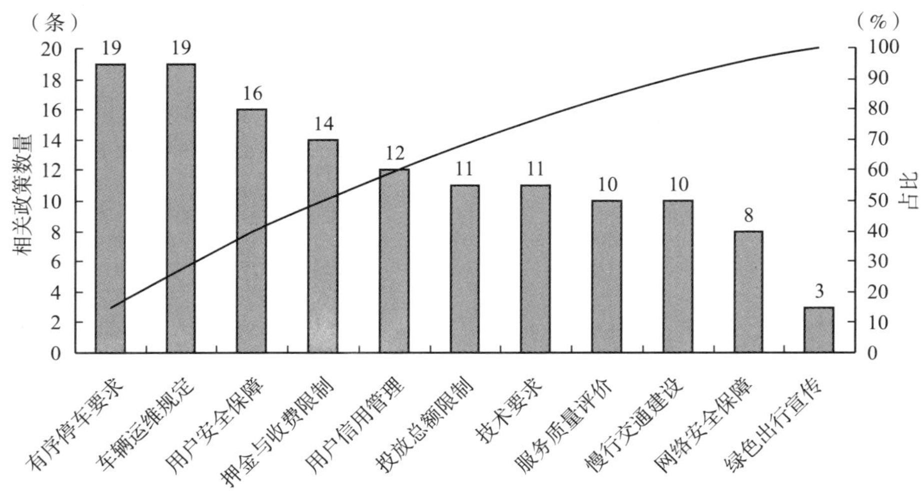

图 A. 2 共享自行车相关政策内容占比排列

表A.3 共享自行车相关政策梳理

政策内容	数量	发布地区
车辆投放总额控制	11	武汉、北京、天津、青岛、翔安、长沙、成都、南通、衢州、南宁、福州
有序停车点设置	19	全国、梧州、成都、南京、武汉、北京、天津、上海、昆明、杭州、青岛、翔安、合肥、济南、唐山、宝鸡、梧州、荆州、襄阳
车辆维护管理规定	19	南京、武汉、北京、天津、上海、昆明、杭州、青岛、淄博、翔安、邯郸、长沙、成都、合肥、济南、南通、唐山、荆州、襄阳
实时定位技术要求	11	上饶、武汉、北京、雅安、昆明、杭州、湖州、长沙、南通、梧州、襄阳
使用者安全保障	16	上饶、南京、武汉、北京、雅安、天津、上海、昆明、青岛、翔安、长沙、成都、广元、南通、梧州、南宁
押金与收费限制	14	上饶、天津、昆明、湖州、邯郸、成都、南通、唐山、宝鸡、梧州、荆州、南京、翔安、襄阳
网络信息安全保障	8	上饶、南京、武汉、雅安、青岛、南通、衢州、南宁
运营商服务质量评价体系	10	上饶、北京、上海、湖州、青岛、广元、成都、南通、福州、襄阳
加强用户信用管理	12	武汉、雅安、北京、上海、昆明、湖州、合肥、南通、福州、荆州、衢州、南宁
做好绿色出行宣传	3	成都、北京、梧州
完善慢行交通基础设施	10	武汉、北京、湖州、合肥、济南、宝鸡、荆州、衢州、襄阳、南宁

由此可见，各地政府在制定政策时，最为集中在要求共享自行车运营商提高车辆运维水平、规范单车有序停放、保障使用者安全、加强押金监管、加强用户信任体系建设、控制投放总量和实时定位技术进入门槛7个方面。政策集中关注的这7个方面也正是共享自行车现存最为突出的、民众呼声最为聚焦的几个核心问题的初步解决方案。从各地政府制定的政策条款中可见，各地政府都着力于规范和约束共享自行车运营商的运营行为，却在做好绿色出行宣传、网络信息安全保障、完善慢行交通基础设施和建立服务质量评价

体系等政府支持行为方面缺乏重视。此外，关于如何培养民众良好的骑行习惯和建立约束力强的行为准则，这一在政府层面有可操作性的方面，各地政府均鲜有涉及。

因此，建议各地政府在制定共享自行车监管政策时，对民众的使用和骑行规范也应引起足够重视，并制定相应法律法规规范约束民众行为，实现企—民—政共治协同发展。

A. 3. 3 共享自行车相关报道梳理

2017～2019 年，关于共享自行车的相关报道褒贬不一，层出不穷。本小节通过对 2017～2019 年网络上出现的共享自行车相关报道进行梳理，得到图 A. 3 和表 A. 4。

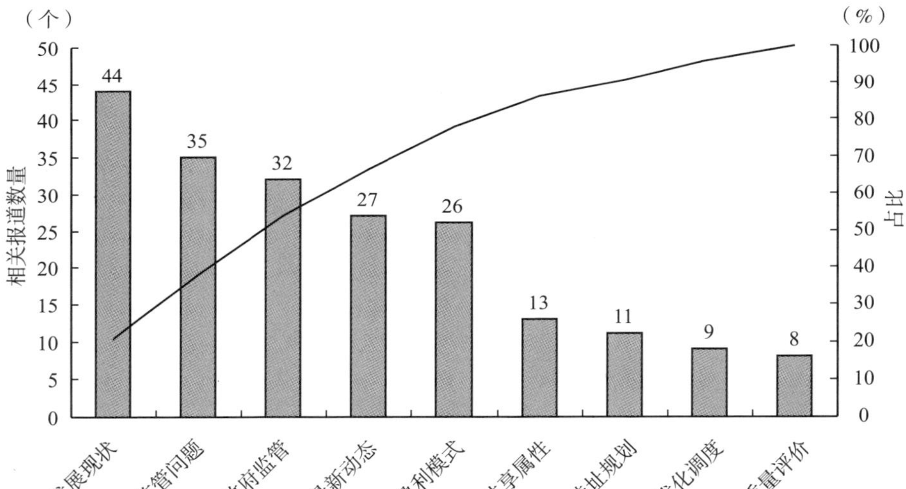

图 A. 3 共享自行车相关报道内容占比排列

表 A. 4 共享自行车相关报道梳理

报道内容	报道数量	报道来源
优化调度	9	互联网；北京青年报；国际在线；四川新闻网；新华社；中国新闻网；中国青年报；北京青年报；手机中国

续表

报道内容	报道数量	报道来源
选址规划和新技术	11	人民网－人民日报；北京青年报；人民网－财经频道；新华社；环球网；北京青年报；环球网；EEFOCUS；扬子晚报；中国新闻网；中国青年网
发展现状与问题、道德困境	44	东方网；中国新闻网；羊城晚报；南方日报；南方日报；中国新闻网；环球网；北京青年报；中国新闻网；东方网；中国经济网；广州日报；新华网；中新网；中新网；中国青年报；扬子晚报；中国青年报；钱江晚报；中新网；中新网；南方晚报；新华网；央广网；澎拜新闻网；法制日报；中国新闻网；广州日报；中国新闻网；互联网；人民网－人民日报；澎湃新闻；人民网－人民日报；新华网；个人；证券日报；驱动中国；深圳新闻网；搜狐新闻；腾讯网；广州日报；人民网－法治频道；网易新闻；检察日报
盈利模式和商业模式探讨、融资现状	26	人民网；环球网；南方日报；北京青年报；人民网－时尚频道；经济参考报；人民网－财经频道；投资界；腾讯科技；人民网－人民创投；人民网－金融频道；人民网；央广网；北京青年报；AI财经社；网络整理；中国新闻网；环球网；中商情报网；证券日报；中国经济网；北京日报；新京报；北京青年报；信息时报；经济日报；人民日报
共享属性探讨	13	南方日报；广州日报；新华网；新华网；人民网；凤凰科技；法治日报；人民网－人民信金融；北京晨报；新华网；证券日报；互联网；中国新闻网
政府监管与协同治理	32	人民网－人民日报；国际在线；人民网－财经频道；新华网；经济参考报；人民日报；澎湃新闻网；广州日报；国际在线；扬子晚报；中国新闻网；人民网；人民日报；财经频道；新华网；北京日报；财经频道；浙江在线；中国新闻网；经济参考报；搜狐新闻；新华网；工人日报；四川新闻网；中国网科技；人民日报；法制日报；人民日报；新浪新闻；新华网；经济参考报；中国新闻网
服务质量评价、满意度调查	8	中新网；中新网；新华网；广州日报；人民日报；中商情报网；法治频道；南方都市报
押金和押金监管问题	35	广州日报；新华网；人民日报；人民日报；南方日报；北京日报；光明日报；中国新闻网；证券日报；证券日报；北京晨报网；新华社；人民日报海外版；网络整理；钛媒体；钱江晚报；中国新闻网；工人日报；央视财经；北青网；中国新闻网；新京报；广州日报；中国经济网；中央电视台；AI财经社；投资界；人民网；北京日报；中亿财经网；广州日报；检察日报；今日头条；中国经济网；新京报

续表

报道内容	报道数量	报道来源
发展新动态	27	人民网；中新网；华商网；北京日报；财经频道；新华网；新华网；环球网；新华社；国际频道；中国新闻网；EEFOCUS；智东西；人民网；新华网；经济参考报；北京日报；人民日报；人民日报；IT 频道；新浪综合；凤凰网科技；南方日报；广州日报；知乎；与非网；中国新闻网

注：报道来源中，重复项为同一报道内容多次进行报道。

从图 A. 3 和表 A. 4 中可见，现存报道多关注共享自行车的发展现状与问题、押金监管问题、政府监管问题、盈利模式探讨和发展新动态展望。其中，学术界较为关注的调度与规划优化和服务质量评价也有许多新锐媒体开始关注。

通过对共享自行车相关文献、政策和报道的梳理可知，共享自行车的盈利模式、政府监管和运维管理水平优化是学术界、社会和政府三个层面共同重视和关注的核心问题。尽管如此，共享自行车的盈利模式问题仍然困扰着共享自行车运营商，政府如何创新监管依然处于探索过程中，运维管理水平依旧有待进一步提升。因此，未来无论是实践还是学术研究，对以上三个核心问题的进一步探索都是未来有价值的研究方向。

A. 4　共享自行车的现存问题

由于本书的研究侧重点在于探求共享自行车与政府之间的博弈关系，故在本节分析共享自行车的现存问题中，更侧重探讨从政府治理角度出发关注的问题。因此，本小节将针对共享自行车的停放乱象、盈利难、服务质量低下和公共配套缺位四个现存问题展开探讨。

A. 4. 1　车辆停放无序

随着共享自行车的兴起，随之而来的一系列的问题中，最为突出的问题之一就是乱停乱放问题，特别是在地铁、公交车站等重要交通枢纽和大型商圈等区域，出现了共享自行车随意摆放和堆积成山的现象，严重影响市容市貌，妨碍正常交通秩序。

出现车辆停放乱象主要有以下几个原因：一是使用者素质不高，只图自己方便，没有遵守共享自行车使用规则，使用完共享自行车之后，把共享自行车随意摆放，并未摆放到指定区域，甚至摆放到人行道和消防通道等重要公共区域，严重阻碍正常交通秩序；二是由于共享自行车的兴起，很多共享自行车企业为了追求利润，不管市场的饱和度，一味向市场上投放共享自行车，到 2018 年，中国各大城市集中投放共享自行车超 2000 万辆，导致许多大城市的中心市区已经车多为患，不管市民还是政府，都为此而担忧；三是政府管理部门未及时管理，许多城市大力支持共享自行车的发展，但并未意识到乱停乱放这个严重的问题，等投放量过度饱和，造成大面积乱停乱放时，才开始出台相关措施，着手治理。除了以上三个主要原因，缺乏专门的停放点、停放位置难找、共享自行车企业缺乏引导和故障车辆未及时回收等也间接加重了乱停乱放问题的严重性和广泛性。

针对停放乱象问题的整治工作，首先由在问题最为严重的一线城市展开。2017 年 7 ~8 月，上海、杭州、广州、深圳、福州、郑州、南京、武汉八大城市相继对共享自行车发出命令，要求共享自行车企业停止投放新车，控制投放总量，以制止乱停乱放的问题。例如，北京共享自行车的饱和投放量为 170 万 ~200 万辆之间，在 2017 年 8 月，北京的投放量却达到了 235 万辆，北京随后颁布法规，控制共享自行车的投放量。到目前为止，在中央十部委发布的《关于鼓励和规范互联网租赁自行车发展的指导意见》的引领下，全国各大城市相继出台有关应对乱停乱放现象的措施。

然而，2019 年以来，随着大多数共享自行车企业的倒闭，市场上仅存摩拜、哈罗等几家共享自行车企业，共享自行车的投放量在减少，虽然对于乱停乱放的现象有所缓解，但随着共享自行车企业的倒闭，该回收的共享自行车回收不到位，又造成了新的乱停乱放困扰，在一些城市的街道和城市的边缘，因为倒闭共享自行车企业的单车没人回收，成片的废弃共享自行车又成为一个造成乱停乱放的新原因。

A. 4. 2　运营商盈利难

在 2016 ~2017 年，很多企业看到共享自行车的商机，疯狂涌入共享自行车市场，但很多共享自行车企业并未坚持多久，就倒闭破产、宣布破产清算，其中的一个重要原因就是盈利难。盈利是任何企业发展的主要目标，因此盈利难对于共享自行车行业而言，是一个严重阻碍其可持续发展的重要问题。

在大量共享自行车企业涌入市场初期，多数企业积极融资，例如，摩拜融资将近 12 亿美元，ofo 融资将近 80 亿元。然而，即使摩拜和 ofo 这两家获得巨额融资的企业，每年都处于亏损状态。摩拜年亏损到达 55 亿元，而 ofo 因为亏损已导致 2018 年底无法正常营业，甚至有濒临倒闭的风险。沉重的运营负担，导致共享自行车企业，哪怕是巨头企业，都不得不被迫和美团、阿里巴巴、滴滴打车等资本雄厚的企业展开合作甚至并购来应对盈利困境。

共享自行车作为重资本产业，初期投入成本巨大，运维过程中的成本损耗也非常高。据统计，一辆共享自行车的成本 300～3000 元左右，按每小时 1 元的租金计算，这样每辆单车至少需要骑行 300 次以上才能回本，但很多骑行者的骑行时间大约在半小时以内，因此，共享自行车平均回收成本需要的时间往往更长。而除了共享自行车初期购买成本外，共享自行车的损坏率又极高，同时调度以及维护费用也是一笔巨大的开支，再加上很多市民素质较低，故意损坏共享自行车，甚至私藏共享自行车或上私家锁等，又给共享自行车企业造成了一笔巨大的丢车损失。此外，共享自行车目前除了收取租车费用外，暂时没有探索出收益稳定且可观的盈利新渠道。从而，成本回收周期长，运维变动成本高，盈利渠道单一，无法避免地造成了共享自行车全行业的盈利难困境。

A. 4. 3　运维管理粗放

随着共享自行车出行习惯的逐渐形成，共享自行车运营商的服务质量不佳问题开始引起重视。由于运维质量差带来的骑行体验不佳、坏车多、没车骑等问题，极大影响了市民对共享自行车的使用热情。为此，各地政府制定了规范服务质量的政策和方案。其中，深圳对共享自行车企业实行了服务质量考核制度，考核分为运行服务、运营管理、安全应急、创新管理、公众评价和附加项六个方面，总分 110 分。然而，严格的考核却并没能激励运营商提高服务水平，即使是深圳服务质量排名第一的摩拜单车评分也只有 67. 72 分，离总分还有很大差距，更何况其他共享自行车企业。此外，成都市政府也对现行共享自行车车辆实行了考核制，考核优胜企业可以获得额外单车投放配额，而考核不合格者则会被政府责令退出市场。在成都的考核中，青桔单车作为后起之秀，运维水平较高，总体运维状态较好，但由于总量严格控制，导致很多地方没有空闲单车，用户没车骑的问题突出。

在运营管理方面，运维调度是重点，因为共享自行车的使用受到上下班高峰期的影响，会出现明显的“潮汐”现象，这将导致部分地区存在共享自行车扎堆情况，而部分地区却存在用户找不到可骑共享自行车情况。而多数共享自行车运营商已经通过后台监控、智能预测和实时调配优化重调度问题，但由于路面交通拥堵，加之调度成本、运维投入有限，致使运维调度水平仍旧不高，有待进一步提升。此外，由于车辆维护不及时，也会导致服务质量低下。这是由于运维人员成本投入太大，各运营商投入的运维调度人员不足。例如，ofo 单车 13 万辆，运维人员只有 330 人左右，相当于一个人要同时维护将近 400 辆车，这几乎必然出现运维不及时的状况，从而影响了服务质量。

在运营服务方面，押金问题对用户而言也曾经是一个极大的困扰和阻碍，因为有很多共享自行车的使用者曾经出现押金退还时间长，甚至出现押金、余额退不了的情况，这使得用户满意极度下降，从而又反过来激起了退押金潮，导致多家共享自行车企业资金链断裂而倒闭。通过近两年的政府监管和新技术加持，押金难退问题基本得到解决，即通过信息化手段获取用户信誉信息，然后开通免押使用。现阶段，基本市面上留存的共享自行车运营商都具备了免押使用的能力。此外，共享自行车还存在外观不美观、不整洁、粘贴小广告、二维码不清晰、用户的反馈不能得到及时的回应、扫码后不能及时的反应等小问题，也在一定程度上影响用户骑行满意度。

A.4.4 公共配套匮乏

除了共享自行车企业自身存在问题导致用户骑行体验不佳外，政府管理也有很大的提升空间，其中，共享自行车的公共配套不到位就是最主要的一个方面。大量共享自行车投放于城市中，无论是共享自行车的停放还是骑行，都需要适宜的公共区域，如今多数城市共享自行车的停放区域极度不足，停车位缺乏，造成了共享自行车的随意摆放，占用人行道和车行道。另外，很多城市缺乏非机动车道，缺少慢行交通系统，让共享自行车行驶时只能在人行道或者车行道上，这使得骑行交通事故的发生概率加大，影响用户人身安全。共享自行车虽然带有盈利性，但也带有公益性，是一项利民工程，政府应该和路网建设一样为其提供基础设施和福利，但在交通运输部等十部委发布关于规范发展互联网租赁自行车的指导意见之前，很少有城市重视慢行交通系统的建设，之后才陆续有城市开始建设慢行交通系统，为共享自行车配备公共设施。

如今共享自行车公共配套设施的缺乏，使得共享自行车在城市的发展受到了极大的阻碍。在公共配套设施中，政府缺少与企业的沟通，如电子围栏的建设，电子围栏是一个很好管理共享自行车设施，能很大程度制止乱停乱放现象，但由于政府和企业没能紧密沟通合作，在很多城市的电子围栏技术实施效果不佳。同时，关于与共享自行车配套的基础设施建设力度上，政府投入资源依然不足，其实政府完全可以在不影响交通、市容和百姓出行情况下，充分挖掘小区、办公区和公共空间资源等停车空间，对机动车、非机动车和共享自行车停车位进行规划。

A.5 共享自行车的发展对策

A.5.1 关于车辆停放乱象的发展对策

控制共享自行车投放总量，避免共享自行车的过度投放。共享自行车乱停乱放的很大一部分原因是共享自行车企业的过度投放，超出了市场的饱和度，因此对于共享自行车的发展，必须将共享自行车的投放量控制在与人口密度适宜的水平上。

政府加强监管，制定针对用户和运营商两者不得当运行和使用行为的处罚措施。并建立政府、企业和市民三方合作，共同治理模式，依靠三方各司其职，从各自角度规范和优化共享自行车的运行环境。

大力建设电子围栏，设定共享自行车专属摆放区域。电子围栏的建设会更好地实现“互联网 + 单车”，同时用户如果不在指定区域停车，将会受到信誉积分降低和不能使用单车等一系列惩罚，以此来规范共享自行车的停放。

加强科技创新，升级共享自行车 App。在 App 中建立信用积分制和黑名单制度，一旦使用者违规停放共享自行车，就会减少其信用积分或者把其加入黑名单，通过科技手段来规范使用。

A.5.2 关于运营商盈利困境的发展对策

共享自行车企业应该不断创新盈利模式。许多共享自行车的盈利模式出现了问题，导致企业无法正常的盈利，甚至出现了亏损，共享自行车企业必须探索新的盈利模式，例如，专家建议的 B2B 盈利模式和用户导流盈利模式等。

共享自行车企业还应加强技术创新，提高共享自行车的自身质量，降低共享自行车的损坏率。共享自行车的易损性，导致共享自行车运行成本极高，因此在共享自行车的 GPS 定位设备、座椅和骑行系统等方面必须进行软件和硬件的技术创新，尽可能地降低损坏率，以此降低成本，提高利润水平。

A. 5. 3　关于运维质量低下的发展对策

共享自行车运营商应该提高调度人员和单车维修人员的比例。增加调度人员，可以更好地对损坏单车进行处理和对单车进行调度，保障单车的正常使用，同时不会让单车在需要的地方缺乏，在不需要的地方闲置，从而提高运营管理水平。

共享自行车运营商应该提高客服服务质量，保障顾客能够随时通过客服解决问题。运营商应该增大客服的投入，加强客服培训，提高服务水平。

共享自行车企业还要加强车辆的外观设计、增加单车的整洁度、单车开锁的便捷度、GPS 系统的定位准确度、座椅的调节便利度。共享自行车企业要通过积极的管理，保证单车的外观整洁实用；通过科技创新，提高单车开锁的便捷度和 GPS 的精确度，以此提高用户体验，提高服务质量。

增强共享自行车的安全应急能力。安全应急是服务质量的重要保障，共享自行车企业需要制订安全应急方案，不断提高自身企业的安全能力，保障乘客们的安全。

A. 5. 4　关于公共配套不完善的发展对策

政府部门应该加快非机动车停车位的建设，为共享自行车停放进行规划建设。各大城市应该安排专项资金，加快慢行交通系统的建设，为共享自行车提供骑车区域；严格区分人行道、机动车道、非机动车道，充分挖掘小区、办公区和公共空间资源等停车资源；通过慢行交通系统有效减少共享自行车事故率。同时，政府还应该与企业合作，加大对电子围栏的建设和资金投入，保证单车的规范停放。

政府应该为共享自行车制定相应的法律法规，为共享自行车的运行提供法律保障。制定相应的法律，有利于保障用户和运营商的实用和运营共享自行车的权益。

A.6 小结

本研究主要简述了共享自行车的发展历程，梳理了共享自行车相关的文献、政策和报道，指出共享自行车的现存问题，并给出了相应发展建议，对当今我国共享自行车领域的研究与现状做了一个较全面的探讨和剖析。

在共享自行车的发展历程方面，介绍了共享自行车起步、发展、鼎盛、衰落和平稳发展各阶段的特点，同时也概括了共享自行车企业的融资情况以及共享自行车企业破产清算情况。在共享自行车的相关资料梳理方面，本研究从相关文献、新闻报道和政府政策三方面进行梳理，得出共享自行车目前的研究和实践热点在盈利模式、政府监管和运维优化三个方面。在共享自行车现存问题和发展建议上，本研究主要指出了乱停乱放、盈利难、服务质量低和公共实施配套不到位四个共享自行车当下面临的主要问题，并针对这些问题，给予了相应的解决措施。

本研究通过对共享自行车的研究文献、政策和报道的梳理，为共享自行车下一步研究工作的开展奠定了基础，同时，通过分析共享自行车的现存问题和发展路径，为企业实践提供了思路借鉴。

| 附录 B |

求 解 过 程

B.1 ϕ_t^* 的求解过程

首先，展开，可得：

$$-cQ_t+(1-\phi_t)Z_t(1-\omega_0)+(1-\phi_t)^2$$
$$\left\{\left[\frac{1}{2}-\left(1+\frac{\pi}{k_e}\right)\omega_0\right]\frac{Z_t^2k_e^2}{\delta_e}-\frac{1}{2}\rho\delta^2\sigma^2\right\}-\pi\omega_0\frac{(1-\phi_t)^3Z_t^3k_e^3}{\delta_e^2}=0$$

接着，为了方便计算，将上式按照如下所示的原则进行简化：

$$A=-\frac{Z_t^3k_e^3}{\delta_e^2}\pi\omega_0$$

$$B=\left[\frac{1}{2}-\left(1+\frac{\pi}{k_e}\right)\omega_0\right]\frac{Z_t^2k_e^2}{\delta_e}-\frac{1}{2}\rho\delta^2\sigma^2$$

$$C=Z_t(1-\omega_0)$$

$$D=-cQ_t$$

于是，可得简化后的公式如下所示：

$$(1-\phi_t)^3+\frac{B}{A}(1-\phi_t)^2+\frac{C}{A}(1-\phi_t)+\frac{D}{A}=0$$

对上式求解 ϕ_t 的值，可得 $(1-\phi_t)=\psi-\frac{B}{3A}$，并且 ψ 服从以下的式子：

$$\psi^3+p\psi+q=0$$

在上式中，$p=\left[\frac{C}{A}-\frac{1}{3}\left(\frac{B}{A}\right)^2\right]$，且 $q=\left[\frac{2}{27}\left(\frac{B}{A}\right)^3-\frac{1}{3}\frac{BC}{A^2}+\frac{D}{A}\right]$。

当 $\Delta = \left(\frac{q}{2}\right)^2 + \left(\frac{p}{3}\right)^3 > 0$ 时，ψ 具有实数解，如下所示：

$$\psi = \sqrt[3]{-\frac{q}{2} + \sqrt{\left(\frac{q}{2}\right)^2 + \left(\frac{p}{3}\right)^3}} + \sqrt[3]{-\frac{q}{2} - \sqrt{\left(\frac{q}{2}\right)^2 + \left(\frac{p}{3}\right)^3}}$$

当 $\Delta = \left(\frac{q}{2}\right)^2 + \left(\frac{p}{3}\right)^3 < 0$ 时，ψ 具有三个不相等的实数根，如下所示：

$$\psi_1 = 2\sqrt[3]{r}\cos\theta,\ \psi_2 = 2\sqrt[3]{r}\cos(\theta + 120°),\ \psi_3 = 2\sqrt[3]{r}\cos(\theta + 240°)$$

其中，$r = \sqrt{-\left(\frac{p}{3}\right)^2}$，$\theta = \frac{1}{2}\arccos\left(-\frac{q}{2r}\right)$。介于 0 ~ 1 之间的最小实数根即为最优解。此外，在极少数情况下可能有两个介于 0 ~ 1 之间的实根，此时也取最小实数根为最优解。

B.2 M_t^* 的求解过程

首先，令 $\frac{\partial F_m(t)}{\partial M_t} = \frac{\lambda e^{-\lambda M_t} k_t S_c Q_{t+1}}{(1 - e^{-\lambda m_0})} - \frac{(1 + \delta_m)^{M_t}(c_1 Q_{t+1} + c_0)\ln(1 + \delta_m)}{(1 + \delta_m)^{m_0}} = 0$，于是可得：

$$\frac{e^{-\lambda M_t}\lambda k_t S_c Q_{t+1}}{(1 - e^{-\lambda m_0})} = \frac{(1 + \delta_m)^{M_t}(c_1 Q_{t+1} + c_0)\ln(1 + \delta_m)}{(1 + \delta_m)^{m_0}}$$

其次，将 M_t 调整到等式左边，可得下式：

$$[(1 + \delta_m)e^{\lambda}]^{M_t} = \frac{\lambda k_t S_c Q_{t+1}(1 + \delta_m)^{m_0}}{(c_1 Q_{t+1} + c_0)\ln(1 + \delta_m)(1 - e^{-\lambda m_0})}$$

最后，整理上式可得 M_t 的最优值：

$$M_t^* = \ln\left[\frac{\lambda k_t S_c Q_{t+1}(1 + \delta_m)^{m_0}}{(c_1 Q_{t+1} + c_0)\ln(1 + \delta_m)(1 - e^{-\lambda m_0})}\right] \Big/ [\ln(1 + \delta_m) + \lambda]$$

参考文献

［1］ DEMAIO P. Bike-sharing：history，impacts，models of provision，and future ［J］. Journal of Public Transportation，2009，12（4）：41 –56.

［2］ SHAHEEN S，GUZMAN S，ZHANG H. Bikesharing in Europe，the Americas，and Asia：past，present，and future ［J］. Transportation Research Record：Journal of the Transportation Research Board，2010（2143）：159 –167.

［3］ LEE Y M B. Proceedings of 1st civil and environmental engineering student conference ［C］. London：Imperial College London，2012.

［4］ MetroBike LLC. The bike sharing blog［EB/OL］.（2017 –05 –17）. http：//bike – sharing. blogspot. com/.

［5］ MetroBike LLC. The bike sharing world map［EB/OL］.（2017 –11 –01）. http：//www. metrobike. net/.

［6］ BUTTNER J，MLASOWSKY H，BIRKHOLZ T，et al. Optimising bike sharing in European cities：a handbook ［R］. Intelligent Energy Europe Program（IEE），2011.

［7］ LIU Z，JIA X，CHENG W. Solving the last mile problem：ensure the success of public bicycle system in Beijing ［J］. Procedia-Social and Behavioral Sciences，2012，43：73 –78.

［8］ FRICKER C，GAST N，Mohamed H. Mean field analysis for inhomogeneous bike sharing systems ［J］. Discrete Mathematics and Theoretical Computer Science，2012：56 –78.

[9] SERNA A, GERRIKAGOITIA J K, BERNABE U, et al. A method to assess sustainable mobility for sustainable tourism: the case of the public bike systems [J]. Information and Communication Technologies in Tourism, 2017: 727 – 739.

[10] O'BRIEN O. Seeing Red: 15 Ways theboris bikes of London could be better[EB/OL]. (2015 – 02 – 27). http: //oobrien. com/2015/02/seeing-red-15-ways-the-boris-bikes-of-london-could-be-better/.

[11] BIKE SHAREMAP [EB/OL]. (2017 – 09 – 22). http: //bikes. oobrien. com/.

[12] LIN J R, YANG T H. Strategic design of public bicycle sharing systems with service level constraints [J]. Transportation Research Part E: Logistics and Transportation Review, 2011, 47 (2): 284 – 294.

[13] LIN J R, YANG T H, CHANG Y C. A hub location inventory model for bicycle sharing system design: formulation and solution [J]. Computers & Industrial Engineering, 2013, 65 (1): 77 – 86.

[14] MARTINEZ L M, CAETANO L, EIRO T, et al. An optimisation algorithm to establish the location of stations of a mixed fleet biking system: an application to the city of Lisbon [J]. Procedia-Social and Behavioral Sciences, 2012, 54: 513 – 524.

[15] KUMAR P, BIERLAIRE M. Proceeding of transport research conference [C]. Swiss: EPFL Scientific Publications, 2012.

[16] 李婷婷. 城市共享自行车租赁点选址规划研究 [D]. 北京: 北京交通大学, 2010.

[17] BENCHIMOL M, BENCHIMOL P, CHAPPERT B, et al. Balancing the stations of a self service "bike hire" system [J]. RAIRO-Operations Research, 2011, 45 (1): 37 – 61.

[18] RAVIV T, KOLKA O. Optimal inventory management of a bike-sharing station [J]. IIE Transactions, 2013, 45 (10): 1077 – 1093.

[19] RAVIV T, TZUR M, FORMA I A. Static repositioning in a bike-sharing system: models and solution approaches [J]. EURO Journal on Transportation and Logistics, 2013, 2 (3): 187 – 229.

[20] RAIDL G R, HU B, RAINER-HARBACH M, et al. Balancing bicycle

sharing systems: Improving a VNS by efficiently determining optimal loading operations [J]. International Workshop on Hybrid Metaheuristics, 2013: 130 - 143.

[21] DI GASPERO L, RENDL A, URLI T. A hybrid ACO + CP for balancing bicycle sharing systems [J]. Hybrid Metaheuristics, 2013: 198 - 212.

[22] DI GASPERO L, RENDL A, URLI T. Balancing bike sharing systems with constraint programming [J]. Constraints, 2016, 21 (2): 318 - 348.

[23] ERDOGAN G, LAPORTE G, CALVO R W. The static bicycle relocation problem with demand intervals [J]. European Journal of Operational Research, 2014, 238 (2): 451 - 457.

[24] SCHUIJBROEK J, HAMPSHIRE R C, VAN HOEVE W J. Inventory rebalancing and vehicle routing in bike sharing systems [J]. European Journal of Operational Research, 2017, 257 (3): 992 - 1004.

[25] CHEMLA D, MEUNIER F, CALVO R W. Bike sharing systems: solving the static rebalancing problem [J]. Discrete Optimization, 2013, 10 (2): 120 - 146.

[26] KLOIMULLNER C, RAIDL G R. Full-load route planning for balancing bike sharing systems by logic-based benders decomposition [J]. Networks, 2017, 69 (3): 270 - 289.

[27] 杨桥东，李朋州，李琮．多车场协同运输的共享自行车调度方法研究 [J]. 交通科技与经济，2016，18 (2): 8 - 12.

[28] 刘登涛，方文道，章坚民，等．共享自行车交通系统调度算法 [J]. 计算机系统应用，2011，20 (9): 112 - 116.

[29] RAINER-HARBACH M, PAPAZEK P, HU B, et al. Balancing bicycle sharing systems: a variable neighborhood search approach [J]. Evolutionary Computation in Combinatorial Optimization, 2013: 121 - 132.

[30] PAPAZEK P, KLOIMULLNER C, HU B, et al. Proceeding of parallel problem solving from nature - PPSN XIII [C]. Ljubljana, Slovenia: Springer, 2014.

[31] ALVAREZ-VALDES R, BELENGUER J M, BENAVENT E, et al. Optimizing the level of service quality of a bike-sharing system [J]. Omega, 2016, 62: 163 - 175.

[32] BRINKMANN J, ULMER M W, MATTFELD D C. Inventory routing for

bike sharing systems [J]. Transportation Research Procedia, 2016, 19: 316 - 327.

[33] HERNANDEX-PEREZ H, RODRIGUEZ-MARTIN I, SALAZAR-GONZALEZ J J. A hybrid heuristic approach for the multi-commodity pickup-and-delivery traveling salesman problem [J]. European Journal of Operational Research, 2016, 251 (1): 44 - 52.

[34] NAIR R, MILLER-HOOKS E, HAMPSHIRE R C, et al. Large-scale vehicle sharing systems: analysis of Vélib' [J]. International Journal of Sustainable Transportation, 2013, 7 (1): 85 - 106.

[35] HO S C, SZETO W Y. Solving a static repositioning problem in bike-sharing systems using iterated tabu search [J]. Transportation Research Part E: Logistics and Transportation Review, 2014, 69: 180 - 198.

[36] LAPORTE G, MEUNIER F, WOLFLER CALVO R. Shared mobility systems [J]. 4OR, 2015, 13 (4): 341 - 360.

[37] PFROMMER J, WARRINGTON J, SCHILDBACH G, et al. Dynamic vehicle redistribution and online price incentives in shared mobility systems [J]. IEEE Transactions on Intelligent Transportation Systems, 2014, 15 (4): 1567 - 1578.

[38] CONTARDO C, MORENCY C, ROUSSEAU L M. Balancing a dynamic public bike-sharing system [M]. Montreal: Cirrelt, 2012: 23 - 54.

[39] SHU J, CHOU M C, LIU Q, et al. Models for effective deployment and redistribution of bicycles within public bicycle-sharing systems [J]. Operations Research, 2013, 61 (6): 1346 - 1359.

[40] ZHANG D, YU C, DESAI J, et al. A time-space network flow approach to dynamic repositioning in bicycle sharing systems [J]. Transportation Research Part B: Methodological, 2017, 9 (103): 188 - 207.

[41] O'MAHONY E, SHMOYS D B. Proceedings of the twenty-ninth AAAI conference on artificial intelligence [C]. Austin, Texas USA: AAAI Publications: 2015.

[42] GHOSH S, VARAKANTHAM P, ADULYASAK Y, et al. Dynamic repositioning to reduce lost demand in bike sharing systems [J]. Journal of Artificial Intelligence Research, 2017, 58: 387 - 430.

［43］何流，李旭宏，陈大伟，等．共享自行车动态调度系统需求预测模型研究［J］．武汉理工大学学报（交通科学与工程版），2013（2）：278－282.

［44］吴满金，董红召，刘冬旭，等．共享自行车多目标动态调度建模与算法研究［J］．机电工程，2015，32（7）：1006－1010.

［45］BONNOTTE N，CHERRIER R，DELASSUS R，et al. Proceeding in 22nd ITS world congress［C］. Bordeaux：ERTICO-ITS EUROPE，TOPOS，2015.

［46］澎湃新闻．美媒：中国共享自行车数量超过全球其他国家总和［EB/OL］.（2014－09－03）. http：//www. thepaper. cn/newsDetail_forward_1265087.

［47］ZHANG L，ZHANG J，DUAN Z，et al. Sustainable bike-sharing systems：characteristics and commonalities across cases in urban China［J］. Journal of Cleaner Production，2015，97：124－133.

［48］FEARNLEY N，BEKKEN J T，NORHEIM B. Optimal performance-based subsidies in Norwegian intercity rail transport［J］. International Journal of Transport Management，2004，2（1）：29－38.

［49］TISATO P. Service unreliability and bus subsidy［J］. Transportation Research Part A：Policy and Practice，1998，32（6）：423－436.

［50］NELSON P，BAGLINO A，HARRINGTON W，et al. Transit in Washington，DC：Current benefits and optimal level of provision［J］. Journal of Urban Economics，2007，62（2）：231－251.

［51］BORCK R，WREDE M. Commuting subsidies with two transport modes［J］. Journal of Urban Economics，2008，63（3）：841－848.

［52］杨则海．城市公共交通的二重性与补贴机制研究［J］．城市公交规划与管理，2000（4）：5－7.

［53］李瑞敏，杨新苗，史其信．国外城市公共交通财政补贴政策研究［J］．城市发展研究，2002（3）：62－65.

［54］郝记秀，周伟，黄浩丰，等．城市公共交通财政补贴测算模型研究［J］．交通运输系统工程与信息，2008，9（2）：11－16.

［55］田振清．城市轨道交通运营补贴模式及参数研究［J］．交通运输系统工程与信息，2010，10（1）：33－37.

［56］张昊，陈引社．城市公共交通财政补贴测算与政策效应分析［J］．综合运输，2014（5）：23－26．

［57］PRIEST M，STANBURY W T，THOMPSON F. On the definition of economic regulation［J］. Government Regulation：Scope，Growth，Process，1980：1－16．

［58］OSBORNE M J，RUBINSTEIN A. A course in game theory［M］. Cambridge：MIT Press，1994．

［59］SELTEN R. Valuation of n-person games［J］. Annals of Mathematics Studies，1964，52：577－626．

［60］PETERS H. Game theory：A Multi-leveled approach［M］. German：Springer，2015．

［61］刘霞，周岳梅．经济学基础［M］．北京：北京大学出版社，2009：55－108．

［62］VON S H. The theory of the market economy［M］. New York，USA：Oxford University Press，1952．

［63］FISK C S. Game theory and transportation systems modelling［J］. Transportation Research Part B：Methodological，1984，18（4）：301－313．

［64］PATRIKSSON M，ROCKAFELLAR R T. A mathematical model and descent algorithm for bilevel traffic management［J］. Transportation Science，2002，36（3）：271－291．

［65］CENSOR Y. Pareto optimality in multiobjective problems［J］. Applied Mathematics & Optimization，1977，4（1）：41－59．

［66］刘慧慧，黄涛，雷明．废旧电器电子产品双渠道回收模型及政府补贴作用研究［J］．中国管理科学，2013，21（2）：123－131．

［67］高举红，王海燕，孟燕莎．基于补贴与碳税的闭环供应链定价策略［J］．工业工程，2014，17（3）：61－67．

［68］朱庆华，窦一杰．基于政府补贴分析的绿色供应链管理博弈模型①［J］．管理科学学报，2011，4（6）：86－95．

［69］ZHANG F，ZHANG P R. Trade-in remanufacturing，strategic customer behavior，and government subsidies［EB/OL］.（2017－05－01）. https：//ssrn.com/abstract＝2571560．

[70] AFLAKI S, MAZAHIR M S. Recovery targets and taxation/subsidy policies to promote product reuse [EB/OL]. (2015-04-08). https://ssrn.com/abstract=2591297.

[71] 孙浩，张桂涛，钟永光，等．政府补贴下制造商回收的多期闭环供应链网络均衡 [J]. 中国管理科学，2015，23 (1)：56-64.

[72] 谭志加，杨海，陈琼．收费公路项目 Pareto 有效 BOT 合同与政府补贴 [J]. 管理科学学报，2013，16 (3)：10-20.

[73] 郭军华，李帮义，倪明，等．WTP 差异下再制造闭环供应链的回收模式选择 [J]. 管理学报，2015，12 (1)：142-147.

[74] 马秋卓，宋海清，陈功玉．考虑碳交易的供应链环境下产品定价与产量决策研究 [J]. 中国管理科学，2014，22 (8)：37-46.

[75] 马秋卓，宋海清，陈功玉．碳配额交易体系下企业低碳产品定价及最优碳排放策略 [J]. 管理工程学报，2014 (2)：127-136.

[76] ZAKERI A, DEHGHANIAN F, FAHIMNIA B, et al. Carbon pricing versus emissions trading: a supply chain planning perspective [J]. International Journal of Production Economics, 2015, 164: 197-205.

[77] HE L, ZHAO D, XIA L. Game theoretic analysis of carbon emission abatement in fashion supply chains considering vertical incentives and channel structures [J]. Sustainability, 2015, 7 (4): 4280-4309.

[78] TANG L, WU J, YU L, et al. Carbon emissions trading scheme exploration in China: A multi-agent-based model [J]. Energy Policy, 2015, 81: 152-169.

[79] CHANG X, XIA H, ZHU H, et al. Production decisions in a hybrid manufacturing-remanufacturing system with carbon cap and trade mechanism [J]. International Journal of Production Economics, 2015, 162: 160-173.

[80] 熊中楷，梁晓萍．考虑消费者环保意识的闭环供应链回收模式研究 [J]. 软科学，2014 (11)：61-66.

[81] DE PALMA A, LINDSEY R, PREOST S. Investment and the use of tax and toll revenues in the transport sector [M]. Oxford: Elsevier, 2007.

[82] VERMA M, RAHUL T, REDDY P V, et al. The factors influencing bicycling in the Bangalore city [J]. Transportation Research Part A: Policy and Practice, 2016, 89: 29-40.

[83] MEDDIN R, DEMAIO P. The bike-sharing world map [EB/OL]. (2015 - 01 - 01). http: //www. bikesharingworld. com.

[84] CHUNG C C, CHAO L C, CHEN C H, et al. A balanced scorecard of sustainable management in the bicycle industry of Taiwan: development of performance indicators and importance analysis [J]. Sustainability, 2016, 8 (6): 518 - 540.

[85] 伍卓. 公共自行车租赁系统现状与优化——以株洲市为例 [J]. 求索, 2015 (12): 116 - 119.

[86] DELL M, IORI M, NOVELLANI S, et al. A destroy and repair algorithm for the bike sharing rebalancing problem [J]. Computers & Operations Research, 2016, 71: 149 - 162.

[87] LI Y, SZETO W Y, LONG J, et al. A multiple type bike repositioning problem [J]. Transportation Research Part B: Methodological, 2016, 90: 263 - 278.

[88] HAZEN B T, OVERSTREET R E, WANG Y. Predicting public bicycle adoption using the technology acceptance model [J]. Sustainability, 2015, 7 (11): 14558 - 14573.

[89] GARCIA-PALOMARES J C, GUTIERREZ J, LATORRE M. Optimizing the location of stations in bike-sharing programs: a GIS approach [J]. Applied Geography, 2012, 35 (1): 235 - 246.

[90] MARTINEZ L M, CAETANO L, EIRO T, et al. An optimisation algorithm to establish the location of stations of a mixed fleet biking system: an application to the city of Lisbon [J]. Procedia - Social and Behavioral Sciences, 2012, 54: 513 - 524.

[91] FORMA I A, RAVIV T, TZUR M. A 3-step math heuristic for the static repositioning problem in bike-sharing systems [J]. Transportation research Part B: methodological, 2015, 71: 230 - 247.

[92] DI GASPERO L, RENDL A, URLI T. Balancing bike sharing systems with constraint programming [J]. Constraints, 2016, 21 (2): 318 - 348.

[93] Rent a bike and bicycle tours in Palma de Mallorca[EB/OL]. (2017 - 01 - 23). http: //www. rideabikemallorca. com/.

[94] VOGEL P. Service network design of bike sharing systems [M]. New York, USA: Springer, 2016.

[95] NEUMANN-SAAVEDRA B A, VOGEL P, MATTFELD D C. Anticipatory service network design of bike sharing systems [J]. Transportation Research Procedia, 2015, 10: 355 - 363.

[96] SINGLA A, SANTONI M, BARTOK G, et al. Proceeding in the twenty-ninth AAAI conference on artificial intelligence [C]. Palo Alto, CA, USA: AAAI Publications, 2015.

[97] WANG Y, PENG Z, WANG K, et al. Research on urban road congestion pricing strategy considering carbon dioxide emissions [J]. Sustainability, 2015, 7 (8): 10534 - 10553.

[98] ODLYZKO A. The evolution of price discrimination in transportation and its implications for the internet [J]. Review of Network Economics, 2004, 3 (3): 323 - 346.

[99] ALEXANDROV A, DEB J. Price discrimination and investment incentives [J]. International Journal of Industrial Organization, 2012, 30 (6): 615 - 623.

[100] LEVINSON D. Paying for the fixed costs of roads [J]. Journal of Transport Economics and Policy (JTEP), 2005, 39 (3): 279 - 294.

[101] STAVINS J. Price discrimination in the airline market: The effect of market concentration [J]. The Review of Economics and Statistics, 2001, 83 (1): 200 - 202.

[102] WOO C K, CHENG Y S, LI R, et al. Can Hong Kong price-manage its cross-harbor-tunnel congestion [J]. Transportation Research Part A: Policy and Practice, 2015, 82: 94 - 109.

[103] DAGANZO C F, LEHE L J. Distance-dependent congestion pricing for downtown zones [J]. Transportation Research Part B: Methodological, 2015, 75: 89 - 99.

[104] WAN Y, JIANG C, ZHANG A. Airport congestion pricing and terminal investment: effects of terminal congestion, passenger types, and concessions [J]. Transportation Research Part B: Methodological, 2015, 82: 91 - 113.

[105] TAN Z, YANG H, GUO R Y. Dynamic congestion pricing with day-to-day flow evolution and user heterogeneity [J]. Transportation Research Part C: Emerging Technologies, 2015, 61: 87 - 105.

[106] ZANGUI M, AASHTIANI H Z, LAWPHONGANICH S, et al. Path-differentiated pricing in congestion mitigation [J]. Transportation Research Part B: Methodological, 2015, 80: 202 - 219.

[107] RUCH C, WARRINGTON J, MORARI M. Proceedings of the 13th European control conference (ECC) [C]. Strasbourg, France: European IEEE, 2014.

[108] AESCHBACH P, ZHANG X, GEORGHIOU A, et al. Proceeding of the 54th IEEE conference on decision and control (CDC), the IEEE control systems society (CSS) [C]. Osaka, Japan: IEEE, 2015.

[109] LI X, YANG H. Dynamics of modal choice of heterogeneous travelers with responsive transit services [J]. Transportation Research Part C: Emerging Technologies, 2016, 68: 333 - 349.

[110] LI J, DU W, YANG F, et al. The carbon subsidy analysis in remanufacturing closed-loop supply chain [J]. Sustainability, 2014, 6 (6): 3861 - 3877.

[111] DE PALMA A, LINDSEY R, PROOST S. Research in transportation economics [J]. Amsterdam, The Netherlands: Elsevier Publisher, 2007, 154 - 196.

[112] WILLIG R D. Consumer's surplus without apology [J]. The American Economic Review, 1976, 66 (4): 589 - 597.

[113] CHRISTINA N. Understanding Chinese consumers: Chinese consumer groups [EB/OL]. (2011 - 07 - 01). http: //www. chinabusinessreview. com/understanding-chinese-consumers/.

[114] 梁美宝，梁美娟，王璇瑶，等．关于广州市共享自行车使用现状的调研报告 [R/OL]. (2011 - 11 - 01). http: //www. docin. com/p - 500058471. html.

[115] 沈伟娜．张家港市共享自行车项目运营成效研究 [D]. 杨凌：西北农林科技大学，2015.

[116] 黄彬．杭州市共享自行车系统运行状况调查分析与展望 [J]. 城

市规划学刊，2010，6：72 -79.

[117] 信息中心．南京市共享自行车使用情况调查报告 [R/OL].(2016 -10 -20). http：//www. njyh. gov. cn/66/f8/c13084a222968/page. htm.

[118] 杭州日报.8 年6.75 亿人次骑行，杭州共享自行车如何做到世界瞩目 [EB/OL].(2016 -08 -08). http：//zjnews. zjol. com. cn/zjnews/hznews/201608/t20160808_1832367. shtml? open_source = weibo_search.

[119] SHAHEEN S A, MARTIN E W, COHEN A P, et al. Public bike-sharing in North America during a period of rapid expansion：understanding business models, industry trends & user impacts. MTI Report, 2014：12 -29.

[120] ZHANG X. Critical success factors for public-private partnerships in infrastructure development [J]. Journal of Construction Engineering and Management, 2005, 131 (1)：3 -14.

[121] CHEN L T. Dynamic supply chain coordination under consignment and vendor-managed inventory in retailer-centric B2B electronic markets [J]. Industrial Marketing Management, 2013, 42 (4)：518 -531.

[122] PONGSIRI N. Regulation and public-private partnerships [J]. International Journal of Public Sector Management, 2002, 15 (6)：487 -495.

[123] XU G, DAN B, ZHANG X, et al. Coordinating a dual-channel supply chain with risk-averse under a two-way revenue sharing contract [J]. International Journal of Production Economics, 2014, 147：171 -179.

[124] CACHON G P, LARIVIERE M A. Supply chain coordination with revenue-sharing contracts：strengths and limitations [J]. Management Science, 2005, 51 (1)：30 -44.

[125] GIANNOCCARO I, PONTRANDOLFO P. Supply chain coordination by revenue sharing contracts [J]. International Journal of Production Economics, 2004, 89 (2)：131 -139.

[126] KOUVELIS P, ZHAO W. Supply chain contract design under financial constraints and bankruptcy costs [J]. Management Science, 2015, 62 (8)：2341 -2357.

[127] ZHU Q, LUJIA F, MAYYAS A, et al. Production energy optimization using low dynamic programming, a decision support tool for sustainable manu-

facturing [J]. Journal of Cleaner Production, 2015, 105: 178 - 183.

[128] YU S, GAO S. A dynamic programming model for environmental investment decision-making in coal mining [J]. Applied Energy, 2016, 166: 273 - 281.

[129] CHAI J, LIU J N, NGAI E W. Application of decision-making techniques in supplier selection: A systematic review of literature [J]. Expert Systems with Applications, 2013, 40 (10): 3872 - 3885.

[130] JONSSON P, EKLUNDH L. Seasonality extraction by function fitting to time-series of satellite sensor data [J]. IEEE Transactions on Geoscience and Remote Sensing, 2002, 40 (8): 1824 - 1832.

[131] KONG W, ZHAO X, HU S, et al. Electronic evaluation for video commercials by impression index [J]. Cognitive Neurodynamics, 2013, 7 (6): 531 - 535.

[132] FARRIS P, BENDLE N, PFEIFER P, et al. Marketing metrics: the manager's guide to measuring marketing performance [M]. United States: FT Press, 2015: 23 - 119.

[133] 澎湃新闻网（上海）. 共享单车杭州生存报告：共享自行车第一城向何处去？[EB/OL].（2017 - 03 - 31）. http://money.163.com/17/0331/10/CGRO12QL002580S6.html.

[134] 夏超. 城市共享自行车服务系统成本效益研究 [D]. 西安：长安大学，2015.

[135] 中国经济网. 数据简报：1980 ~ 2014 年中国各年度 GDP 及增长率一览 [EB/OL].（2015 - 01 - 20）. http://world.people.com.cn/n/2015/0120/c157278 - 26419556.html.

[136] 冯天军. 共享自行车交通系统效果分析 [D]. 长春：吉林大学，2016.

[137] 潘媛媛. 公共自行车租赁点选址与配置优化研究 [D]. 南京：南京师范大学，2017.

[138] 钦海. 城市公共自行车系统运营调度研究 [D]. 广州：华南理工大学，2017.

[139] 宋婉璐，盛玉刚. 校园共享单车运行现状分析——以南京林业大学为例 [J]. 科技创新与应用，2017 (18): 33 - 34.

［140］周龙雨，常兴甲，田博．基于BP神经网络的共享单车调度优化［J］．中国战略新兴产业，2017（24）：51.

［141］张建翔．基于共享单车时空分布的优化调度模型［J］．经贸实践，2017（16）：226.

［142］陶永虎，陈辉浩，杨壮．基于时空分析的共享单车调度模型［J］．中国战略新兴产业，2017（36）：23.

［143］王浩，甄栋夫，王乔宇．基于单纯形法的共享单车优化调度［J］．现代商业，2017（29）：169－170.

［144］王嘉薇，朱家明，祁浩宇，李瑞新．基于VRP模型城市共享单车的优化调配研究［J］．沈阳理工大学学报，2018，37（1）：81－86.

［145］余思．多目标规划法下的共享单车优化调度研究［J］．现代商贸工业，2018，39（7）：86－87.

［146］郭海富，喻永生，罗瑜．基于共享单车时间分布优化调度模型［J］．科技视界，2018（7）：101－129.

［147］夏芸，玉琦彤，林子立．共享单车需求评估及调度方案设计［J］．长安大学学报（社会科学版），2018，20（2）：32－41.

［148］张陌尘，赵一伟，赵钰．共享单车调度的静动态结合优化模型［J］．中国高新区，2018（7）：27.

［149］吕晓萌，张淑秀，刘本龙，姚道洪．共享单车的分配与调度模型研究［J］．现代商业，2018（12）：82－84.

［150］卢琰．共享单车车辆调度问题研究［D］．成都：西南交通大学，2018.

［151］杨凤仪，舒童，靳艺香．基于用户需求的共享单车优化调度研究［J］．现代营销（下旬刊），2018（7）：71－72.

［152］叶锦程，胡骥．基于子群划分的共享单车调度优化［J］．综合运输，2018，40（8）：75－80.

［153］高楹，宋辞，舒华，裴韬．北京市摩拜共享单车源汇时空特征分析及空间调度［J］．地球信息科学学报，2018，20（8）：1123－1138.

［154］朱闯，高嘉悦，吴海霞，赵玺．基于市场需求下共享单车分配与调度运营方案［J］．智能城市，2018，4（16）：16－18.

［155］杨珈惠，聂规划，刘畅．允许局部路径重复的共享单车调度模型

[J]. 北京邮电大学学报（社会科学版），2018，20（5）：90－98.

[156] 黄敏. 中国智能交通协会第十三届中国智能交通年会大会论文集[C]. 天津：中国智能交通协会，2018.

[157] 张若菡，何颖. 对共享单车资源配置与调度的建议——以北京市为例[J]. 物流技术，2018，37（11）：64－70.

[158] 秦培钧，冯一帆，曹志成. 对共享单车分配与调度问题的解决方法[J]. 计算机产品与流通，2019（4）：286.

[159] 刘喜梅，潘立军. 求解共享单车再平衡问题的遗传算法[J]. 计算机工程，2019（10）：1－8.

[160] 柳志坤. 基于MATLAB分析的共享单车调度规划研究[J]. 中国战略新兴产业，2017（24）：49.

[161] 肖磊，崔悦琪，钟丽，黄薰好. 共享单车最优选址问题的研究[J]. 中国商论，2018（2）：162－163.

[162] 索源. 基于出行需求波动的共享单车停放点选址规划研究[D]. 北京：北京交通大学，2018.

[163] 李振辉. 基于灰关联模型的高校内共享单车停靠点选址研究[D]. 西安：长安大学，2018.

[164] 史豫坤. 基于Hadoop的共享单车停放点选址方法的研究[D]. 淮南：安徽理工大学，2018.

[165] 徐国勋，张伟亮，李妍峰. 共享单车调配路线优化问题研究[J]. 工业工程与管理，2019（1）：11.

[166] 周建高. 共享单车爆棚与中国城市空间结构问题[J]. 长安大学学报（社会科学版），2017，19（2）：20－29.

[167] 杨鑫倢. ofo共享单车将配备北斗智能锁：用电子围栏划定规范停放区[J]. 商业文化，2017（13）：30.

[168] 邓力凡，谢永红，黄鼎曦. 基于骑行时空数据的共享单车设施规划研究[J]. 规划师，2017，33（10）：82－88.

[169] 何雄. 共享单车影响下的轨道交通站点规划一体化[J]. 建材与装饰，2018（7）：235－236.

[170] 郭全中. 共享单车，能飞得起来吗[J]. 互联网经济，2016（11）：16－19.

［171］郭鹏，林祥枝，黄艺．共享单车：互联网技术与公共服务中的协同治理［J］．公共管理学报，2017（3）：6－15．

［172］单车共享经济大爆发［J］．经理人，2017（1）：28－29．

［173］赵江涛．低碳出行简约生活5款共享单车横向体验评测［J］．消费电子，2017（1）：53－61．

［174］马凌云．共享单车——走出国门的“中国式创新”［J］．中国工程咨询，2017（5）：81．

［175］刘晓东．“互联网＋”时代共享单车的社会管理创新［J］．科技广场，2017（6）：150－153．

［176］郑金凤，林凯强，赖清平，陈麒任，姜永．基于北斗平台的城市共享单车智能导向系统［J］．信息通信，2017（8）：59－60．

［177］何涛．共享单车现象与共享经济发展探讨［J］．技术经济与管理研究，2017（8）：99－104．

［178］黄婷婷．计算机数据分析技术在共享单车营运管理中的应用探究［J］．时代农机，2017，44（8）：77－78．

［179］陈圣辉．共享单车的移动定位技术的比较研究［J］．山东工业技术，2017（17）：140．

［180］于洪．NB-IoT智能锁：开启共享单车物联网新纪元［J］．电动自行车，2017（10）：41－42．

［181］於铉，张洁，张明．共享单车智能管家系统的设计与实现［J］．软件，2017，38（10）：194－197．

［182］史迪超，史晓明，方芳．浅谈地理信息技术在共享单车中的应用［J］．地理空间信息，2018，16（1）：46－47．

［183］周扬．基于物联网云＋大数据分析的共享单车高效安全体系的构建［J］．信息与电脑（理论版），2018（1）：16－18．

［184］程斌．共享单车的快速传播现象研究［D］．南京：南京师范大学，2018．

［185］杨誉彬，黄望林．从碎片化到整体性：共享单车治理模式的转向［J］．西部皮革，2018，40（6）：83－85．

［186］王泽溪．云数据在共享单车管理中的应用与实现［D］．长春：吉林大学，2018．

[187] 何谦，陈雨欣，薛钊．与政府合作 + 有桩无桩相结合——共享单车新运营模式探讨 [J]. 管理观察，2018 (16)：72 – 73.

[188] 郝雅立，温志强．共建共治共享：大数据支持下共享单车智能化治理路径 [J]. 管理评论，2019，31 (1)：249 – 254.

[189] 周良凤．共享单车未来发展的思考 [J]. 现代营销（信息版），2019 (5)：59.

[190] 岳会玉，王朋艳，徐一民．共享单车会计核算研究 [J]. 现代经济信息，2017 (3)：239.

[191] 郭师绪．资本大战后共享单车如何盈利? [J]. 新产经，2017 (3)：68 – 70.

[192] 曾洗石．共享单车的公益性与经济效益分析 [J]. 低碳世界，2017 (9)：234 – 235.

[193] 郭建明．共享单车的经济学思考 [J]. 改革与开放，2017 (6)：73 – 75.

[194] 常家瑞．由共享单车的商业模式之争引发的思考 [J]. 领导科学论坛，2017 (3)：73 – 74.

[195] 王潇，侯文静，赵继云．基于 O2O 视角的共享经济商业模式分析——以 ofo 共享单车为例 [J]. 商场现代化，2017 (8)：28 – 29.

[196] 王建刚．互联网分享经济下共享单车的盈利模式探析 [J]. 中国商论，2017 (11)：147 – 148.

[197] 唐力力．浅析共享单车经营模式中的会计核算问题 [J]. 中国乡镇企业会计，2017 (5)：98 – 99.

[198] 葛文静．共享单车的发展及其盈利途径探讨 [J]. 现代商业，2017 (14)：37 – 39.

[199] 吴君翊．共享出行企业盈利模式研究 [D]. 广州：广东财经大学，2017.

[200] 苏柏彰．共享经济商业模式分析——以共享单车为例 [J]. 现代经济信息，2017 (11)：380.

[201] 赖磊，姜农娟．基于扎根理论的共享单车商业模式设计研究——以摩拜单车为例 [J]. 当代经济管理，2017，39 (6)：19 – 22.

[202] 戴建兵．共享单车市场的博弈与均衡——来自 ofo 与摩拜的案例

分析 [J]. 中小企业管理与科技（中旬刊），2017（6）：47-48.

[203] 王翠，桂丽. 共享单车盈利模式探究 [J]. 时代金融，2017（20）：266-271.

[204] 屠西伟. 共享经济背景下共享单车的盈利模式分析 [J]. 企业改革与管理，2017（14）：65-66.

[205] 王晓媛. 会计核算视角探析共享单车的盈利模式 [J]. 财会研究，2017（8）：45-49.

[206] 钱婷婷，陈翊. 共享经济时代的企业商业模式分析 [J]. 商场现代化，2017（16）：184-185.

[207] 共享单车阵亡潮 [J]. 上海信息化，2017（9）：8-9.

[208] 王思倩. 共享单车的盈利持久性分析 [J]. 现代经济信息，2017（18）：323-325.

[209] 王沿. 共享单车的发展现状、盈利模式及主要问题 [J]. 时代金融，2017（30）：249-250.

[210] 王源麟. 共享单车商业模式的现状、盈利模式及未来展望 [J]. 山西农经，2017（21）：122-123.

[211] 潘敬萍. 共享经济商业模式下共享单车发展路径研究 [J]. 现代商业，2017（32）：34-36.

[212] 周芬，胡成玉. 共享单车成本管理与盈利模式研究文献综述 [J]. 现代商业，2017（32）：176-178.

[213] 黄婉韬. 共享单车的盈利态势分析——基于波特五力模型 [J]. 现代商业，2017（32）：43-44.

[214] 薄建奎，杨亭亭，任宇星. 共享单车盈利模式分析 [J]. 当代经济，2017（34）：86-88.

[215] 郭黎霞. 产业链视角下的共享单车产业分析 [J]. 农村经济与科技，2017，28（24）：73-74.

[216] 王作飞，宋云雁. 浅析在共享单车发展中财务管理方面存在的问题 [J]. 纳税，2018（1）：40-41.

[217] 吕天雄. 烧钱大战，共享单车的盈利模式 [J]. 财经界（学术版），2018（2）：64.

[218] 冉鹏. 共享单车 B2C 商业模式浅谈——以 ofo 为例 [J]. 时代金

融，2018（2）：292－293.

［219］金凡律，吴满琳．共享单车商业模式研究［J］．技术与创新管理，2018，39（1）：76－81.

［220］成东申，陈薇薇．共享单车商业生态系统的构建、问题及对策——以 ofo 为例［J］．中国商论，2018（4）：137－138.

［221］成昱霖．中小城市共享单车现状及其盈利模式探究［J］．经贸实践，2018（3）：81－82.

［222］肖智星．ofo 小黄车商业模式的三个关键问题［J］．全国流通经济，2018（8）：3－4.

［223］王唯，鲁朝云．共享经济下共享单车运营模式探讨［J］．合作经济与科技，2018（8）：20－22.

［224］王蔚哲．共享单车商业模式的经济学分析［J］．时代金融，2018（9）：314－315.

［225］王敏．共享单车企业创新盈利模式研究［D］．北京：中国地质大学，2018.

［226］谢思凡．基于交易成本视角的 ofo 商业模式研究［D］．武汉：中南民族大学，2018.

［227］王慧君，朱建明．共享单车盈利模式分析［J］．企业经济，2018，37（5）：135－144.

［228］肖智星．基于商业画布模型的 ofo 小黄车商业模式研究［J］．现代商业，2018（17）：82－84.

［229］屈亚萍，窦巧．共享单车商业模式的构建——以摩拜单车为例［J］．中小企业管理与科技（上旬刊），2018（8）：48－50.

［230］梁婉珊，张珊珊，俞倍林，廖咏梅．共享单车运营模式研究［J］．合作经济与科技，2018（17）：94－95.

［231］史岳灵，乔玉洋，陆欣钊．我国共享单车盈利模式研究［J］．经济研究导刊，2018（25）：21－26.

［232］任怡然．共享单车：规模与盈利［J］．财经界，2018（10）：128－132.

［233］陆宇，王娅婷．共享单车商业模式分析与前景预测——以摩拜单车为例［J］．现代商贸工业，2018，39（34）：44－45.

[234] 周子晗．共享经济商业模式的风险与盈利方式研究——以共享单车 ofo 为例 [J]．江苏商论，2018 (12)：68 – 72.

[235] 杨玉国．共享单车商业模式、成本结构与发展趋势——基于 ofo 与摩拜的比较 [J]．商业经济，2019 (2)：55 – 57.

[236] 魏静，唐闯．“互联网 +”模式下共享单车盈利模式探析 [J]．中国集体经济，2019 (9)：77 – 79.

[237] 白皓文．当代社会互联网经济环境下共享经济商业模式的发展前景——以共享单车为例 [J]．财经界（学术版），2019 (6)：14 – 15.

[238] 董中发．基于九要素模型的 ofo 小黄车商业模式研究 [J]．现代商贸工业，2019，40 (11)：78 – 80.

[239] 刘秀光，刘辛元．共享经济商业模式的危机与化解——以共享单车商业模式为例 [J]．科学与管理，2019 (4)：1 – 8.

[240] 薛强．国人共享单车使用情况调查 [J]．金融博览（财富），2017 (1)：24 – 26.

[241] 周思萌．共享单车使用者满意度的影响因素研究——以昆明市为例 [J]．物流技术，2017，36 (4)：35 – 39.

[242] 张俊英．用户对 ofo 共享单车使用意愿和行为的影响因素研究 [D]．武汉：华中师范大学，2017.

[243] 黄国青，陈雪．基于情景感知与 UTAUT 的共享单车使用意愿研究 [J]．消费经济，2017，33 (3)：62 – 68.

[244] 闫亚鸥，张杨柳．基于 SEM 模型的共享单车满意度调查研究——以河北经贸大学为例 [J]．统计与管理，2017 (6)：40 – 42.

[245] 徐云琴，叶春明．共享单车用户体验研究 [J]．物流科技，2017，40 (8)：69 – 71.

[246] 方磬．共享单车感知服务质量和顾客满意度研究——以摩拜单车为例 [J]．市场周刊（理论研究），2017 (8)：126 – 128.

[247] 陈子豪，李关金，徐昕然．基于消费者心理的共享单车使用意愿及习惯调查 [J]．科技经济导刊，2017 (24)：192 – 193.

[248] 张蕾．石家庄市区使用共享单车满意度调查分析 [J]．现代商贸工业，2017 (29)：67 – 68.

[249] 梁希，程婷婷．不同背景大学生骑乘共享单车运动满意度的调查

研究——以苏州大学学生使用 ofo 共享单车调查为例［J］. 体育科技文献通报，2017，25（10）：96－98.

［250］宋明蕊. 基于决策树的共享单车满意度影响因素分析——以北京地区 ofo 为例［J］. 中国市场，2017（28）：118－120.

［251］周小珺，罗琪，覃倩，江雅琳，林依玲. ofo 共享单车使用情况调查与发展研究［J］. 现代商贸工业，2018，39（1）：54－55.

［252］肖风桢，莫嘉卫. ofo 共享单车满意度影响因素研究［J］. 中国市场，2018（4）：19－22.

［253］左雪娇. 城市共享单车出行者满意度影响因素研究［D］. 成都：西南交通大学，2018.

［254］黄铄菁，华秀佳，王雯丽，温钰馨. 基于 AHP 的共享单车的用户体验的指标体系研究［J］. 时代经贸，2018（11）：94－97.

［255］杨留花，诸大建. 扩展计划行为理论框架下共享单车规范停放行为意向的影响因素分析［J］. 中国人口·资源与环境，2018，28（4）：125－133.

［256］李甜，苏成成. 基于感知价值用户对共享单车使用意愿影响因素研究［J］. 现代商贸工业，2018，39（11）：67－68.

［257］张赞赞. 共享单车用户持续使用意愿影响因素研究［D］. 太原：山西财经大学，2018.

［258］白志炜. 基于 TAM 拓展模型的共享单车用户使用行为影响因素研究［D］. 北京：北京化工大学，2018.

［259］葛超逸. 共享单车平台的服务质量对用户持续使用意图的影响研究［D］. 哈尔滨：哈尔滨工业大学，2018.

［260］黄金梅. 感知风险对共享单车使用意愿的影响研究［D］. 南宁：广西大学，2018.

［261］郭星光. 共享单车用户使用意愿影响因素研究［D］. 昆明：云南财经大学，2018.

［262］郑扬银，江长斌. 共享单车用户使用意愿影响因素研究——以武汉市为例［J］. 现代商贸工业，2018，39（17）：7－9.

［263］刘俊朋，夏小蕾，姚毅凡. 基于 SEM 的共享单车顾客满意度的实证研究——以上海市为例［J］. 管理观察，2018（21）：90－93.

[264] 王爽英，李玮吉．共享单车顾客体验的影响因素实证研究——以长沙市为例 [J]. 武陵学刊，2018，43 (5)：41 -45.

[265] 周超，曾冠豪，郭昊，王晓菲．基于 IPA 与因子分析的共享单车满意度影响因素研究——以南昌市大学生为例 [J]. 中国商论，2018 (25)：19 -21.

[266] 徐竞潇．中国城市规划学会、杭州市人民政府．共享与品质——2018 中国城市规划年会论文集 [C]. 杭州：中国城市规划学会、杭州市人民政府，2018.

[267] 冯彦铭，姚显记．基于 Logistic 模型的共享单车持续使用意愿影响因素研究 [J]. 经济研究导刊，2018 (34)：63 -69.

[268] 袁晓芳，方颖，金紫薇．共享单车用户持续使用意愿的影响因素研究 [J]. 工业工程与管理，2019：1 -15.

[269] 杜壮．背靠巨额融资运营能力才是生命线 [J]. 中国战略新兴产业，2016 (23)：27 -29.

[270] 侯长海．2016 年中国共享单车市场分析报告 [J]. 互联网天地，2017 (2)：35 -37.

[271] 王尧禹．创新型企业利用风险投资融资模式分析——以 ofo 共享单车为例 [J]. 湖北经济学院学报（人文社会科学版），2017，14 (11)：42 -44.

[272] 刘贺，刘盼，王鑫．“共享单车”资金池运作模式中的财务风险控制研究 [J]. 内蒙古煤炭经济，2017 (23)：76 -78.

[273] 李可妤．从共享单车破产事件分析融资风险的控制 [J]. 现代商贸工业，2018，39 (9)：106 -107.

[274] 尚磊．共享单车的融资属性及风险监管 [D]. 广州：华南理工大学，2018.

[275] 梁倚天．共享单车的融资功能及行业发展 [J]. 全国流通经济，2018 (14)：56 -58.

[276] 张月武，杨羽佳．共享单车的融资现状分析及发展方向 [J]. 科技经济市场，2018 (4)：86 -88.

[277] 王金艳．共享经济视角下的共享单车融资监管研究 [D]. 合肥：安徽农业大学，2018.

[278] 肖芝红. “共享单车”资金池运作模式中的财务风险控制研究[J]. 财会学习, 2018 (29): 60-61.

[279] 卢志飞, 葛薇, 田哲睿, 胡宇威, 田文, 叶瑶. 共享经济风口下共享单车的融资前景及管理优化研究 [J]. 现代商业, 2019 (2): 40-41.

[280] 肖岳. 共享单车“荆棘路”[J]. 法人, 2016 (11): 28-29.

[281] 王法. “野蛮生长”的共享单车 [J]. 商业观察, 2016 (12): 34-35.

[282] 余佳. 北京市无桩式公共自行车运营现状及监管问题研究 [J]. 现代经济信息, 2017 (1): 471-473.

[283] 李嘉莹, 王佳妮, 张丛杉. 针对校园共享单车违规开锁问题的成因及对策研究 [J]. 时代经贸, 2017 (3): 55-59.

[284] 杨思思. 准公共物品视角下的共享单车现状思考 [D]. 成都: 中共四川省委党校, 2017.

[285] 周鲜子. 共享单车的现状及未来发展展望 [J]. 黑龙江科技信息, 2017 (7): 167.

[286] 丁诺舟. 日本共享单车的历史、现状与启示 [J]. 长安大学学报(社会科学版), 2017, 19 (2): 36-43.

[287] 王茜. 分享经济发展面临的挑战与对策研究——以共享单车为视角 [J]. 经济研究参考, 2017 (16): 37-41.

[288] 谭袁. 共享单车“底线竞争”问题探究及防治 [J]. 价格理论与实践, 2017 (3): 36-40.

[289] 张泽华, 林晓言, 张雅萍. 供给侧视角下共享单车现存问题经济本质分析 [J]. 城市发展研究, 2017, 24 (11): 83-88.

[290] 白豪斌. 共享单车营运中民事法律问题探索 [J]. 襄阳职业技术学院学报, 2017, 16 (6): 113-116.

[291] 刘濮瑞. 初探共享单车存在的问题及对策 [J]. 法制与社会, 2017 (34): 143-144.

[292] 董文姝. 浅析共享单车面临挑战及对策分析 [J]. 经贸实践, 2017 (8): 171.

[293] 余国磊. 浅析“共享单车”运营和管理中存在的问题与对策 [J]. 知识经济, 2017 (9): 87-88.

[294] 袁梦阳. 共享单车背后的法律问题探究 [J]. 法制与社会, 2017 (13): 58-59.

[295] 白婉莹. 浅析共享单车的发展之路 [J]. 中国商论, 2017 (11): 1-2.

[296] 徐广. 我国共享单车行业存在的问题及对策分析 [J]. 现代商业, 2017 (14): 165-166.

[297] 张敏. 基于SCP视角的共享单车发展分析 [J]. 中国市场, 2017 (14): 253-255.

[298] 梁亚, 张冲, 王元礼. 对盗窃、私占共享单车行为的定性 [J]. 山西农经, 2017 (3): 93.

[299] 张子轩, 吴蔚. 共享单车的现状、问题以及其发展对策建议 [J]. 现代商业, 2017 (15): 162-163.

[300] 孟超慧. 共享单车涉及的法律问题及应对策略 [J]. 法制博览, 2017 (16): 190-191.

[301] Huyen NTT. 共享单车现阶段的问题研究 [J]. 经贸实践, 2017 (11): 40-41.

[302] 王利君. 安徽省"共享单车"发展的问题及对策 [J]. 理论建设, 2017 (3): 44-49.

[303] 胡凤杰, 魏兆锋. 浅析共享单车在运营中面临的问题 [J]. 现代商业, 2017 (18): 178-179.

[304] 李靖辉, 王如雪. 共享单车野蛮生长下的挑战和思考 [J]. 中国商论, 2018 (10): 1-2.

[305] 李丹. 中国共享单车发展特点、问题及对策研究 [J]. 经贸实践, 2017 (14): 189-190.

[306] 朱富强. 共享经济的现代发展及其潜在问题: 以共享单车为例的分析 [J]. 南方经济, 2017 (7): 37-50.

[307] 丁怠友, 张力力, 朱钰磊. 共享单车使用现状调研及优化意见 [J]. 智库时代, 2017 (8): 69-70.

[308] 苏明. 广州市共享单车发展现状及对策探讨 [J]. 北方经贸, 2017 (8): 112-113.

[309] 边晓宇. 共享单车发展现状及问题研究 [J]. 纳税, 2017 (23):

103 - 104.

[310] 张倩雯. 当前我国共享单车现状、问题与对策研究 [J]. 现代商业, 2017 (23): 165 - 166.

[311] 黄开顺. 共享单车发展现状、问题及对策研究 [J]. 中国商论, 2017 (22): 137 - 138.

[312] 童晗, 黎宇. 共享单车乱象成因及其对策分析 [J]. 法制与社会, 2017 (24): 166 - 167.

[313] 张旖昕. "公地悲剧" 视域下共享单车的分析与对策 [J]. 现代经济信息, 2017 (16): 324 - 325.

[314] 张筱聆, 刘扬诗书. 共享单车的法律困境及发展对策 [J]. 法制与经济, 2017 (8): 73 - 74.

[315] 胡源棣. 浅谈共享单车市场竞争现状和发展趋势 [J]. 农村经济与科技, 2017, 28 (16): 137 - 138.

[316] 周梦. 法律视角下共享单车存在的问题与规制探析 [J]. 法制与经济, 2017 (9): 190 - 192.

[317] 王文晶. 共享与规范的交融——关于共享单车有关法律问题的思考 [J]. 法制博览, 2017 (26): 260.

[318] 陶向敏, 杜晨磊, 李飞艳. 基于共享单车运营现状的调研 [J]. 经贸实践, 2017 (18): 154.

[319] 唐钰淇. 市场失灵与协同治理: 共享单车的困境与发展趋势 [J]. 经贸实践, 2017 (18): 62 - 64.

[320] 王振鹏. 标准化视角下共享单车发展现状及走向研究 [C]//中国标准化协会. 第十四届中国标准化论坛论文集, 2017: 4.

[321] 王香君. 城市共享单车的治理问题及对策分析 [J]. 科技经济市场, 2017 (8): 179 - 182.

[322] 徐惠芳. 基于共享经济视角下我国共享单车市场现状及其前景 [J]. 时代金融, 2017 (27): 304 - 305.

[323] 高婷婷. "集体行动困境" 视角下的共享单车问题及对策 [J]. 当代经济, 2017 (28): 10 - 12.

[324] 王佳, 马阿佳. 共享单车竞争发展对策研究的现状及建议 [J]. 经营与管理, 2017 (11): 136 - 140.

[325] 曾晶晶. 探析共享单车存在的问题及解决措施——以长沙共享单车为例 [J]. 现代商业, 2017 (29): 27 – 28.

[326] 李乔侨. 我国共享单车的发展现状、困境与对策研究 [J]. 科技经济市场, 2017 (9): 185 – 186.

[327] 张馨月, 蔡沁雨. 共享单车现存风险及对策分析 [J]. 中国商论, 2017 (34): 152 – 154.

[328] 张亦凡. 关于共享单车公共治理问题带来的经济损失及其解决方案的探究——以西安为例 [J]. 现代商业, 2017 (36): 47 – 48.

[329] 修悦, 刘忠强. 共享单车的发展现状及营销策略分析 [J]. 西部财会, 2018 (1): 75 – 77.

[330] 盛世喆. 浅析沈阳市共享单车的现状与管理 [J]. 中国集体经济, 2018 (2): 9 – 10.

[331] 孙丽娟, 赵建业. 浅析共享单车中的法律问题 [J]. 法制博览, 2018 (3): 17 – 19.

[332] 张雨宁, 严捷. 共享单车市场现状及发展趋势分析 [J]. 中国市场, 2018 (3): 62 – 63.

[333] 孙迎坤, 李永平, 左均雨, 宋雪莹. 分享经济视角下共享单车发展现状及监管对策研究 [J]. 时代金融, 2018 (3): 285 – 293.

[334] 胡涵. 共享单车的困境及发展建议 [J]. 科技经济导刊, 2018, 26 (4): 184 – 185.

[335] 刘汝亭, 张祖荣. 我国共享单车保险发展现状、问题与对策 [J]. 南方金融, 2018 (2): 85 – 90.

[336] 朱琳琳. 共享单车使用现状分析 [J]. 合作经济与科技, 2018 (5): 88 – 89.

[337] 李佳怡. 浅析共享单车现状、问题及应对策略——以摩拜和 ofo 为例 [J]. 中国国际财经 (中英文), 2018 (5): 14 – 15.

[338] 李立辉, 李达伟, 李玮吉. 共享单车面临的损坏问题及治理对策研究 [J]. 湖南社会科学, 2018 (2): 116 – 120.

[339] 宋晓宇, 王雯, 荆琪, 王建姝. "共享单车" 使用现状及对策研究——以济南市为例 [J]. 科技经济导刊, 2018, 26 (10): 131 – 132.

[340] 邓朝阳, 樊英, 苏星峰. 共享单车企业面临的风险及防范措施

[J]. 经营与管理，2018（4）：109－113.

[341] 王如雪. 从南京市ofo的发展现状浅谈如何管理共享单车 [J]. 现代商业，2018（5）：162－163.

[342] 舒钰铭，周倩，孔蓓. 关于共享单车乱停乱放问题的对策研究——以宜昌共享单车为例 [J]. 中国管理信息化，2018，21（9）：159－160.

[343] 赵培羽. 共享单车在我国运营中的问题、原因与对策研究 [D]. 北京：北京邮电大学，2018.

[344] 王菁菁. 共享单车法律监管问题研究 [D]. 天津：天津工业大学，2018.

[345] 王海燕. 共享单车经营监管法律问题研究 [D]. 石家庄：河北大学，2018.

[346] 张凌，罗曼曼，朱礼军，罗鹏程. 基于微博内容分析的共享单车问题及对策研究 [J]. 情报工程，2018，4（3）：105－112.

[347] 陶蕾. 共享经济下共享单车发展现状及经营前景 [J]. 中国集体经济，2018（18）：27－28.

[348] 徐媛，韩小丽. 共享单车发展研究 [J]. 现代商贸工业，2018，39（20）：16－17.

[349] 秦红耀，梁秦桥. 试析共享单车发展的机遇和挑战 [J]. 长春教育学院学报，2018，34（6）：44－46.

[350] 周梦柯. 共享单车的发展现状及前景浅析 [J]. 现代经济信息，2018（13）：394.

[351] 陈尧俊，杨义，孙泽军，王韵华. 共享单车对经济的影响以及出现的问题和解决方案 [J]. 中国商论，2018（20）：31－32.

[352] 宋扬扬. 共享单车企业倒闭的原因分析及发展对策研究 [J]. 现代经济信息，2018（15）：74.

[353] 吴仰婷，冼梓欣，邱金连，陈燕婷，杨勇. 共享单车使用者现状调查分析 [J]. 管理观察，2018（23）：67－68.

[354] 王家宝，余园园，敦帅. 共享单车：现状、问题与对策 [J]. 管理现代化，2018，38（5）：99－101.

[355] 徐佳淳. 浅析我国共享单车回收管理的问题及对策 [J]. 科技经济导刊，2018，26（29）：184－185.

[356] 赵仕琦，闻开鑫，许琳珠．国内共享单车发展现状及发展策略［J］．中国集体经济，2019（2）：76－77.

[357] 陈浪，江珊，尹钶雨，胡力源．浅析共享单车发展现状、问题及对策［J］．现代营销（下旬刊），2019（1）：84.

[358] 刘翠莲，戴群，尤心一．物流视角下共享单车运营问题及对策［J］．重庆交通大学学报（社会科学版），2019，19（1）：59－63.

[359] 王玉梅．共享经济发展中的问题探讨——基于共享单车“倒闭潮”的思考［J］．现代营销（信息版），2019（2）：95.

[360] 徐思雅．共享经济的发展现状和对策思考——以 ofo 共享单车为例［J］．现代营销（经营版），2019（2）：53.

[361] 涂丹．共享单车停放现状及设施规划分析［J］．中国市场，2019（12）：103－104.

[362] 赵若羽．基于摩拜单车的共享单车发展现状分析［J］．现代商贸工业，2019，40（17）：62－64.

[363] 黄凤娟．共享单车便利性背后的道德危机［J］．人民公交，2016（12）：74.

[364] 王光荣．共享单车发展问题系统探究［J］．长安大学学报（社会科学版），2017，19（2）：30－35.

[365] 鲁婷．从共享单车看共享精神［J］．法制与社会，2017（9）：175－176.

[366] 王永红，敦志昊．共享单车推广使用的道德困境及解决途径［J］．陇东学院学报，2017，28（6）：106－109.

[367] 樊吉惠芝，秦睿垚，王晔．共享单车的道德风险问题研究［J］．现代商业，2018（1）：162－163.

[368] 吴学安．共享单车融入城市亟须管理措施跟进［N］．中国商报，2016－12－30（P01）.

[369] 李英锋．对共享单车也该“共享管理”［N］．团结报，2016－12－03（002）.

[370] 李立娟．共享单车迎来监管潮［J］．法人，2017（3）：40－416.

[371] 郝真旎．浅析公共服务市场化的政府责任——以共享单车为例［J］．学理论，2017（11）：67－69.

[372] 谭波. 我国"共享单车"监管的城市立规反思——基于十多个城市样板对比 [J]. 江汉大学学报 (社会科学版), 2017, 34 (6): 17-24.

[373] 张婷. 共享经济模式下共享单车管理策略研究 [J]. 现代营销 (下旬刊), 2017 (3): 30.

[374] 秦铮, 王钦. 分享经济演绎的三方协同机制: 例证共享单车 [J]. 改革, 2017 (5): 124-134.

[375] 马骁, 王晓珊. 共享单车的政府监管措施研究 [J]. 当代经济, 2017 (14): 14-15.

[376] 李梅. 共享单车发展与政府治理 [J]. 江苏经贸职业技术学院学报, 2017 (3): 34-36.

[377] 姜宁, Cai Ji-ming. 从"共享单车"的监管看政府如何在分享经济中发挥作用 [J]. 河北学刊, 2017, 37 (4): 138-142.

[378] 赵凯琦, 李格雅. 互联网+背景下共享单车的城市管理路径探析——基于杨浦区共享单车调研报告 [J]. 劳动保障世界, 2018 (5): 55-57.

[379] 马光炎, 高丽爽. 共享经济时代: 共享单车的发展与政府规制困境 [J]. 戏剧之家, 2017 (14): 276.

[380] 王爽磊, 孙璐. 城市单车的多元主体供给模式研究——以江苏省Y市为例 [J]. 知识经济, 2017 (16): 35-36.

[381] 贺靖舒. 移动互联网背景下政府对共享单车治理的研究 [J]. 市场论坛, 2017 (8): 5-7.

[382] 王瑞丰. "互联网+公共服务"模式下政府责任分析——以江苏省共享单车为例 [J]. 陕西行政学院学报, 2017, 31 (3): 50-53.

[383] 苏浩然. 武汉市共享单车公共治理与政策创新研究 [J]. 农村经济与科技, 2017, 28 (16): 6-7.

[384] 熊珺. "共享单车"乱象与多中心合作治理 [J]. 法制与社会, 2017 (25): 146-147.

[385] 邓凯. 共享经济下政府规划与环境治理——以共享单车为例 [J]. 经济师, 2017 (9): 48-50.

[386] 孟凡坤, 易航宇. 基于公共政策过程视角: 城市共享单车问题的政府治理 [J]. 现代商业, 2018 (22): 62-64.

[387] 陈一鸣. 共享单车的治理问题刍议 [D]. 北京: 中国政法大学,

2017.

[388] 孙晨凯，尹哲渊，张亦霆，等. 共享单车监管问题研究及对策分析 [J]. 纳税，2017 (29): 56-57.

[389] 陈思羽. 利益分析视角下共享单车行业中的政府角色探析 [J]. 安徽行政学院学报，2017，8 (5): 38-43.

[390] 张一进，张金松. 政府监管与共享单车平台之间的演化博弈 [J]. 统计与决策，2017 (23): 64-66.

[391] 李颖. 基于博弈视角分析共享单车市场上不同主体间的监管行为 [J]. 现代商业，2018 (2): 164-166.

[392] 张润民. 反思共享单车治理中的行政监管——基于“随停乱放”问题的研究 [J]. 法制博览，2018 (3): 26-27.

[393] 吴迪. “互联网+”背景下共享单车的政府管理问题研究 [D]. 合肥: 安徽大学，2018.

[394] 姚群娇，谢媛. 共享单车市场中政府监管的研究 [J]. 安徽文学（下半月），2018 (2): 153-155.

[395] 金晶，卞思佳. 基于利益相关者视角的城市共享单车协同治理路径选择——以江苏省南京市为例 [J]. 城市发展研究，2018，25 (2): 92-99.

[396] 陈晨. 协同治理视角下合肥市共享单车治理问题研究 [D]. 合肥: 安徽大学，2018.

[397] 宋扬扬，王胜本. 基于协同治理理论的共享单车协同治理的路径选择 [J]. 华北理工大学学报（社会科学版），2018，18 (2): 24-27.

[398] 陈燕玲，于江磊. 城市管理中的共享单车运行困境及其协同机制建立 [J]. 广西经济管理干部学院学报，2018，30 (1): 90-94.

[399] 赵明明. 共享单车行政监管比较研究 [D]. 兰州: 兰州大学，2018.

[400] 翁士洪. 城市共享单车监管体制的整体性治理创新研究 [J]. 电子政务，2018 (4): 21-31.

[401] 明晨. 共享单车的政府规制问题研究 [D]. 武汉: 华中师范大学，2018.

[402] 李修齐. 共享单车运营中的政府责任研究 [D]. 西安: 陕西师范大学，2018.

[403] 李卓霖．“互联网＋”时代共享单车行业的政府监管［D］．杭州：浙江大学，2018.

[404] 卢德．协同治理视角下南宁市共享单车治理研究［D］．南宁：广西大学，2018.

[405] 黄金．协同视角下广州市共享单车管理模式优化研究［D］．兰州：兰州大学，2018.

[406] 李鹏飞．共享单车行政监管研究［D］．开封：河南大学，2018.

[407] 毛方强，方勇，郑寅，夏添．城市共享单车监管平台的建设与应用［J］．物联网技术，2018，8（6）：99－101.

[408] 李雨洋．上海市共享单车监管的困境与对策——基于混合策略博弈模型的研究［J］．上海市经济管理干部学院学报，2018，16（4）：41－48.

[409] 刘星宇，邸岩．共享单车政府监管新举措研究［J］．法制与社会，2018（20）：153－155.

[410] 冷向明，郭淑云．共享经济治理中的政府责任——以共享单车为例［J］．经济社会体制比较，2018（5）：88－94.

[411] 许炜，李卿逸，亢月娥，龙诗敏．国内外共享单车规范化管理及政策研究——以成都市为例［J］．中国集体经济，2018（28）：166－168.

[412] 李卿逸，龙诗敏，亢月娥，许炜．城市共享单车综合管理模式持续优化研究——以成都市为例［J］．中国市场，2019（1）：44－47.

[413] 曾敏慧，郭卓望，邱丹平．基于社会共同治理视角的共享单车发展研究［J］．企业改革与管理，2019（7）：11－12.

[414] 银昕．共享单车“风口”，商业与公益如何选择？［J］．中国经济周刊，2016（44）：76－77.

[415] 潘影，王红莲，杨晓静．城市公共自行车的供给模式研究［J］．山西农经，2016（12）：76.

[416] 邱淳锵．共享单车真的是共享经济吗？［J］．现代商业，2016（35）：190－191.

[417] 屠晓杰．共享单车：发展共享经济推动绿色出行［N］．人民邮电，2017－02－10（006）.

[418] 李连成．共享单车骑出城市交通建设新模式［N］．上海证券报，2017－02－21（012）.

[419] 曹雪柠. 共享单车与公共自行车，各自为政还是合作共赢？[J]. 江苏城市规划，2017 (2)：45－46.

[420] 李艳. 共享单车呼唤"共享诚信"[J]. 中国商界，2017 (3)：90－91.

[421] 刘亚楠. 共享单车发展研究分析 [J]. 时代金融，2017 (8)：251－254.

[422] 叶丹蕾. 从共享单车看共享经济的本质及其发展前景 [J]. 现代经济信息，2017 (8)：368.

[423] 吴沐暄，程楠，李玲. 从租金和押金看共享单车的公益性和经营性 [J]. 价格理论与实践，2017 (5)：136－138.

[424] 王道健. 共享单车的未来市场分析和战略研究 [D]. 北京：北京邮电大学，2017.

[425] 刘洋，李克，任宏. 服务设计视角下的共享单车系统分析 [J]. 包装工程，2017，38 (10)：11－18.

[426] 谭淼. 基于IPA的共享单车服务质量评价研究 [D]. 西安：长安大学，2017.

[427] 徐宏. 共享单车"押金池"现象的刑法学评价 [J]. 法学，2017 (12)：124－132.

[428] 宋佳儒. 共享单车押金资金沉淀的监管问题探析 [J]. 甘肃金融，2017 (4)：27－30.

[429] 王传薇，田雨. 关于共享单车押金的法律思考 [J]. 中国市场，2017 (17)：113－114.

[430] 邓大鸣，李子建. 共享单车押金的性质及其监管问题探究 [J]. 西南交通大学学报（社会科学版），2017，18 (4)：94－100.

[431] 刘静辉，肖扬，薛恒. 共享单车押金的性质及其法律风险研究 [J]. 法制与社会，2017 (21)：265－266.

[432] 李子建. 共享单车押金监管：金融监管面临的新问题 [J]. 法制与社会，2017 (22)：177－178.

[433] 廖子瑜. 我国共享单车押金资金池监管的法律问题研究——以ofo共享单车为例 [J]. 法制与社会，2017 (24)：70－72.

[434] 赵桂华. 共享单车押金监管探析 [J]. 上海商学院学报，2017，

18（4）：62－68.

［435］阚丽丽．“免押金”新政开闸　共享单车带动互联网信用升级［J］．新产经，2017（9）：61－63.

［436］付小为．共享单车押金要纳入金融监管［N］．长江日报，2017－09－29（008）.

［437］张颖．共享单车押金的法律属性［J］．法制博览，2017（30）：198.

［438］罗浩亮．金融的属性：共享单车“押金”治理模式研究［J］．甘肃金融，2017（11）：41－44.

［439］丁纯楷．浅析共享单车用户押金安全监管问题［J］．农村经济与科技，2017，28（24）：90.

［440］母波．共享单车财务困境分析［J］．现代经济信息，2018（7）：284.

［441］邓子实．共享单车押金的性质及其监管问题的思考［J］．中国高新区，2018（9）：279.

［442］夏新竹．共享单车用户押金监管研究［D］．北京：中国政法大学，2018.

［443］晁晓燕．共享单车押金监管的法律问题研究［D］．沈阳：辽宁大学，2018.

［444］冯丽媛．共享单车押金的法律问题研究［D］．新疆：新疆大学，2018.

［445］彭芳．共享单车押金的法律规制研究［D］．南昌：南昌大学，2018.

［446］张叶琳．论共享单车押金之归属［D］．武汉：中南民族大学，2018.

［447］袁浩捷．共享单车押金法律问题与对策研究［D］．成都：四川师范大学，2018.

［448］贾志良．共享单车押金的消费者权益保护［J］．中国市场监管研究，2018（6）：55－58.

［449］张艺凝．共享单车押金难退问题探析［J］．湖北经济学院学报（人文社会科学版），2018，15（6）：51－53.

［450］张凯，魏哲南．共享单车押金的监管问题探究［J］．全国流通经济，2018（18）：85－86.

［451］刘田鑫．共享单车押金的法律问题和风险研究［D］．北京：首都经济贸易大学，2018.

［452］钱玉文，吴炯．论共享单车押金的性质及其法律规制［J］．常州大学学报（社会科学版），2018，19（4）：1－14.

［453］肖智星．共享单车免押金服务模式研究［J］．全国流通经济，2018（27）：84－85.

［454］谢欣睿，骆晓婧，余娟，侯洋，钟志敏．共享单车押金监管问题研究［J］．市场周刊，2018（10）：135－136.

［455］徐琰，邓潇潇，王子诺，周方驰，蒋子恒．金融科技视角下我国共享单车的“押金”治理模式及其监管探究［J］．金融经济，2018（20）：16－18.

［456］岳廷芸，高佳菲，邓来声，陈银，李珍．浅析共享单车押金机制得与失［J］．法制博览，2018（36）：33－34.

［457］薛浩．“互联网＋”背景下共享单车押金模式的法律探析［J］．法制博览，2019（7）：58－60.

［458］王雪．共享单车押金性质与法律规制之探讨——从共享单车押金退还案件说起［J］．电子科技大学学报（社科版），2019（5）：1－7.

［459］王丽聪．浅析共享单车押金池的法律性质［J］．法制博览，2019（12）：61.

［460］王林，戴学锋．共享单车行业押金问题与信用免押金分析［J］．中国流通经济，2019，33（5）：57－65.

后　　记

本书根据笔者博士论文修改而成。我首先要感谢的是我敬爱的导师单汨源教授。记得当年刚刚踏入梯队门槛，有幸成为单教授的入室弟子，单教授就时常指导我要善于观察生活，从实践中提炼研究课题，再利用研究成果解决现实问题，之后单教授也一直秉持着从实践中来到实践中去的研究思路指导我的科研工作。单教授渊博的学术知识、严谨的治学风范、广阔的眼界和格局让我心悦诚服，缜密细致的思维和积极饱满的奋斗热情更是让我望尘莫及。在此，请允许我向恩师表达最衷心的感谢和最崇高的敬意！

在湖南大学长达 8 年的求学历程里，要感谢工商管理学院的各位老师，感谢你们无私地将自己宝贵的科研经验传授给我，并慷慨的为我在课业学习和学术研究方面遇到的困难解惑。衷心感谢马超群教授、杨智教授、朱慧明教授、周忠宝教授、李林教授、王道平教授、陈芝副教授、梁盛老师和周昕老师给予的谆谆教诲和悉心关怀。感谢师姐丑文亚博士、陈妍博士和李盈博士，师兄张人龙博士、任斌博士给予的关怀和帮助。感谢博士同学李丽波、文金艳、刘伟、邓超、黄娅和张志东等在学术探索道路上的支持与陪伴。感谢学生刘杨在本书相关研究课题的不懈努力。

我还要特别感谢我的家人。感谢我的丈夫周五星一直以来对我的包容与爱护，以及对我出版本书的全力支持；感谢我的孩子周谦润，你的出生带给我无限的快乐和无穷的动力；感谢父母对我毫无保留的呵护、鼓励与帮助，是他们的无私奉献，才使我能够集中精力完成本书的撰写工作；感谢我所有的亲人一直以来给予我的支持与关怀。

在本书付诸出版之际，我还要感谢湖南农业大学商学院各位领导和老师的支持和帮助。感谢湖南农业大学商学院出版基金和青年博士支持计划项目、湖南农业大学青年科学基金（18QN07）和湖南省哲学社会科学基金（18YBQ070）对本书的资助。

囿于笔者学识有限，本书的论述难免存有许多不足，敬请各位师友不吝指教，并提出宝贵意见，作者联系方式为 linfengli88@ qq. com。

李林凤

2019 年 7 月 30 日于湘江边